101 TRUCS ET SECRETS DE PÊCHE

Daniel Cousineau et Alain Demers

Illustrations Ghislain Caron

101 trucs et secrets de pêche

ÉDITIONS DU TRÉCARRÉ

Données de catalogage avant publication (Canada)

Cousineau, Daniel.
101 trucs et secrets de pêche
Publ. antérieurement sous le titre : Trucs et secrets de pêche. [Montréal] : Libre expression, 1983.
Comprend un index.

ISBN 2-89249-988-7

1. Pêche sportive. 2. Pêche sportive - Québec (Province). 3. Pêches - Appareils et matériel. I Demers, Alain. II. Titre. III. Titre : Cent un trucs et secrets de pêche. IV. Titre : Trucs et secrets de pêche.

SH572.Q8C69 2001 799.1'1 C2001-940163-9

Révision : Monique Thouin
Conception graphique : Cyclone design communications

Cet ouvrage a déjà paru sous le titre *Trucs et secrets de pêche*, éditions Libre Expression, 1983

Nous reconnaissons l'aide financière du gouvernement du Canada par l'entremise du Programme d'aide au développement de l'industrie de l'édition (PADIÉ) pour nos activités d'édition ; du Conseil des arts du Canada ; de la Sodec ; du gouvernement du Québec par l'entremise du Programme de crédit d'impôt pour l'édition de livres (gestion Sodec).

ISBN 2-89249-988-7

Dépôt légal 2001
Bibliothèque nationale du Québec

Imprimé au Canada

Éditions du Trécarré
Outremont (Québec) Canada

1 2 3 4 5 05 04 03 02 01

Dédicace

À Jeannot Ruel, dont l'amour du métier et la compétence sont de constantes sources d'inspiration.

À André-Y. Croteau, pour nous avoir permis de débuter dans le métier.

À Robert Ménard, du *Journal de Montréal*, pour son souci particulier de vulgariser l'information pour le grand public.

Préface

À la pêche, comme au hockey, rien ne peut être laissé au hasard. Plusieurs pêcheurs reviennent bredouilles, justement parce qu'ils connaissent mal les règles du jeu. Et pour connaître ces règles, il faut être bien conseillé. ***101 trucs et secrets de pêche*** est justement un recueil de conseils illustrés.

Les auteurs, Daniel Cousineau et Alain Demers, ont l'esprit sportif pour accepter de partager leurs trucs et leurs secrets avec des confrères pêcheurs. C'est tout à leur honneur.

Si vous êtes débutant, les prochaines pages vous aideront à partir du bon pied. Et même si vous êtes expérimenté, vous n'aurez jamais trop de connaissances !

Vous avez en main un outil pour vous aider à vous améliorer. Comme, dans tous les sports, les résultats viennent avec la pratique, peut-être vous surprendrez-vous, dès cette saison, à faire régulièrement plusieurs « tours du chapeau » de truites ou de dorés…

Guy Lafleur

GUY LAFLEUR ET DANIEL COUSINEAU

Introduction

C'est bien connu, rares sont les pêcheurs qui se résignent à dévoiler un de leurs trucs. Par vocation ou par métier, nous avons décidé d'agir autrement car, si vous lisez ces lignes, n'est-ce pas parce que vous êtes un bon sportif ? Alors, entre vous et nous, pourquoi pas ?

Aussi avons-nous pensé vous offrir ce recueil de trucs et de secrets de pêche, une autre fois. Nous disons une autre fois car la version originale de *Trucs et secrets de pêche* a été publiée en 1983. Mais voilà déjà 10 ans que le livre n'était plus disponible. Nous l'avons donc revu et adapté pour le rendre plus actuel. Nous y tenions, car force nous est de constater que dans les boutiques ou ailleurs, les pêcheurs demandent souvent des trucs. Nous désirions répondre à cette demande.

Nous avons touché aux aspects les plus susceptibles de faire de vous un meilleur pêcheur : identification et comportement des poissons, techniques de pêche et équipement. Résultat : *101 trucs et secrets de pêche*, un guide pratique avec des textes courts agrémentés d'illustrations.

Nous espérons qu'il saura plaire au pêcheur intéressé à améliorer ses connaissances et à prendre plus de poisson.

Daniel Cousineau et Alain Demers

Des secrets sur les poissons

Chapitre 1

Truite rouge ou truite mouchetée ?

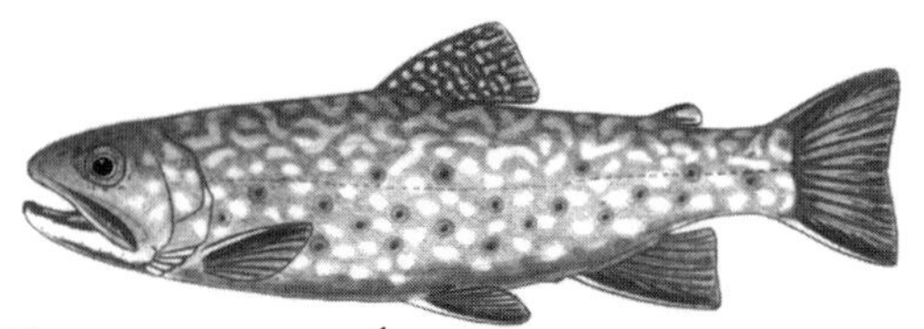

Truite mouchetée
(omble de fontaine)

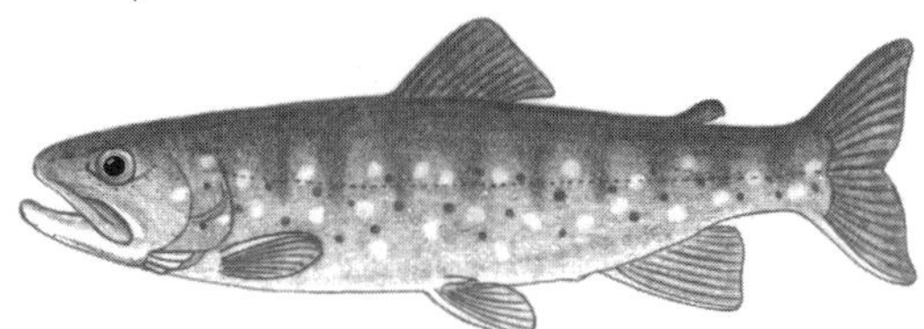

Truite rouge du Québec
(omble chevalier)

Ce que l'on appelle truite rouge au Québec est souvent de la truite mouchetée, dont la coloration rouge est vive. La truite rouge est pourtant une espèce distincte.

Chez la truite mouchetée (omble de fontaine de son vrai nom), la nageoire caudale est plutôt carrée ou très légèrement échancrée vers l'intérieur, d'où son nom anglais *squaretail.* Chez la truite rouge du Québec (omble chevalier de son vrai nom), elle est franchement fourchue, rappelant celle de la ouananiche ; c'est là d'ailleurs une caractéristique des poissons de grande nage.

Enfin, la truite mouchetée est un chasseur d'affût et a une forme plutôt ramassée et rondelette. La truite rouge du Québec est un poisson de grande nage et de grand fond et elle affiche une forme plus tubulaire et élancée.

Truite mouchetée ou truite grise?

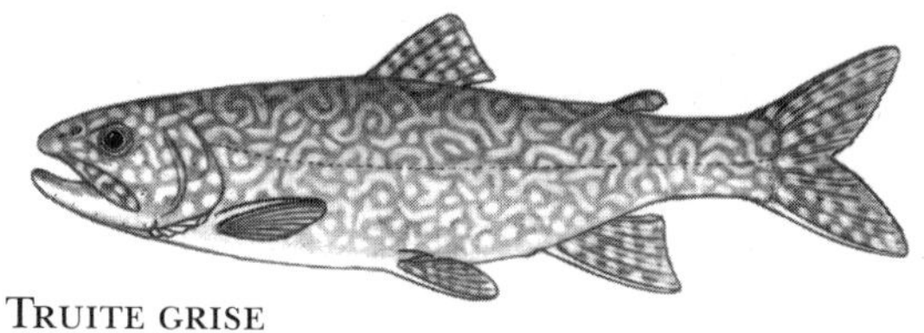

TRUITE GRISE
(TOULADI)

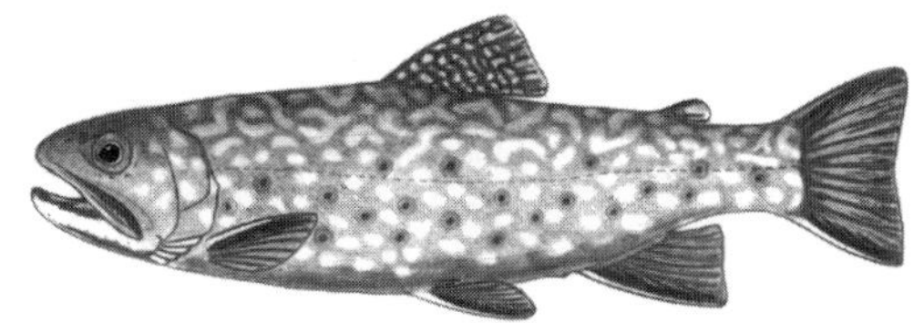

TRUITE MOUCHETÉE
(OMBLE DE FONTAINE)

La truite mouchetée et la truite grise (touladi de son vrai nom) cohabitent souvent dans un même lac. Le poids moyen de la première est plus léger, son poids maximal étant de 15 lb (6,4 kg) comparativement à la deuxième, qui peut atteindre plus de 60 lb (27,2 kg).

De même taille et de livrée semblable, elles peuvent poser pour certains des problèmes d'identification. La truite mouchetée a toujours des petits points rouges dans sa robe, lesquels sont absents chez la truite grise. De plus, la truite mouchetée est dotée de la queue plus ou moins carrée du prédateur à l'affût, alors que la truite grise a la queue fourchue caractéristique des poissons de grande nage.

La truite moulac, un heureux croisement

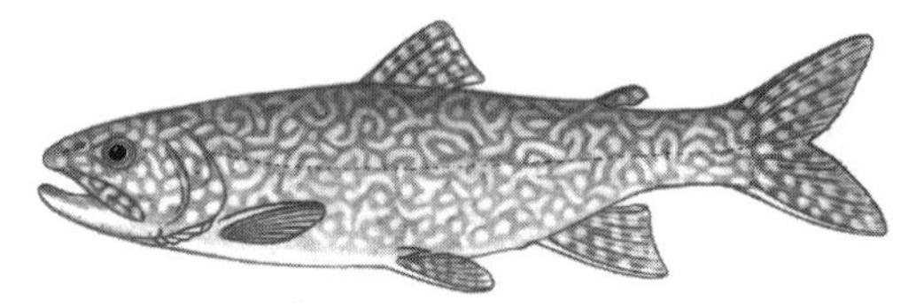

Truite de lac ou truite grise (touladi)

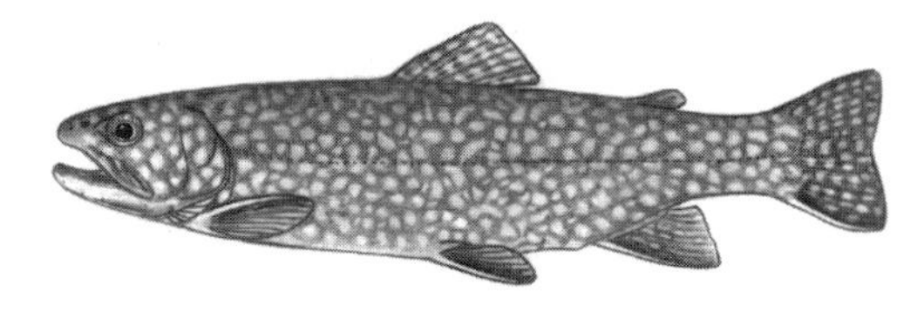

Truite moulac

Dans certains lacs du Québec, on trouve ce poisson méconnu qu'est la truite moulac. Comme son nom l'indique, il s'agit d'un croisement entre la truite mouchetée (mâle) et la truite de lac (femelle). Cette dernière est aussi nommée familièrement truite grise (touladi de son vrai nom).

Au premier coup d'œil, on jurerait que les biologistes qui ont créé l'espèce ont pris un corps de truite grise et lui ont collé des nageoires de truite mouchetée ! La moulac ou « wendigo » a en effet hérité de la grise sa robe et de la mouchetée ses nageoires. Ajoutons à cela que cet hybride est fertile, ce qui est rare. Fait curieux, son rythme de croissance est plus élevé que chez l'un ou l'autre de ses parents.

Deux truites exotiques

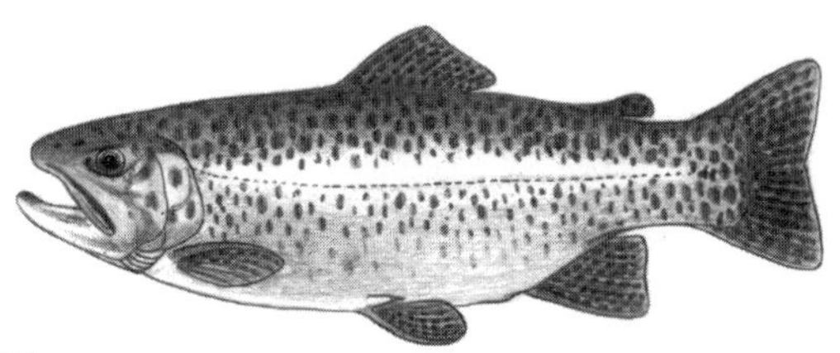

TRUITE ARC-EN-CIEL

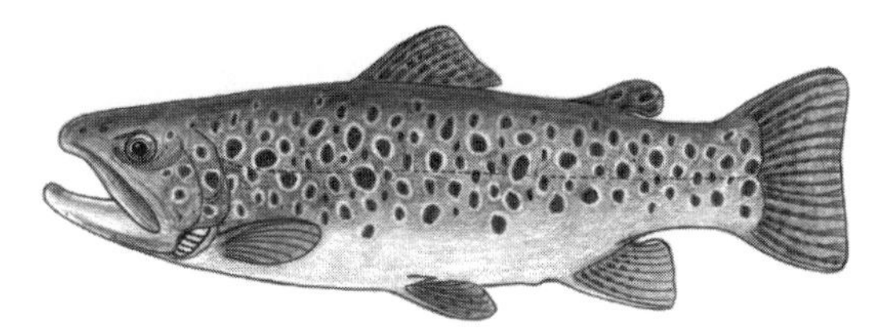

TRUITE BRUNE

Au cours des dernières décennies, l'aire de distribution de la truite arc-en-ciel et de la truite brune s'est étendue passablement par le biais d'ensemencements massifs. Même s'il ne s'agit pas de poissons indigènes (l'arc-en-ciel venant de la côte ouest du Canada alors que la brune fut importée d'Europe), ils demeurent fort intéressants pour le pêcheur sportif.

Voici comment les différencier. La truite arc-en-ciel est dotée d'une bande latérale rose à violet argenté et est parsemée de petits points noirs jusqu'à la queue. La truite brune possède quant à elle une robe brune, comme son nom l'indique, marquée de gros points noirs et de points rouges cerclés d'une ligne pâle. Sa queue est rarement tachetée de points.

Doré noir ou doré jaune ?

Doré noir

Doré jaune

Espèce beaucoup moins répandue et connue que le doré jaune, le doré noir se reconnaît aux caractéristiques suivantes :

- la grandeur de l'œil, beaucoup moins considérable que celle du doré jaune ;
- la tache noire absente sur l'arrière de la première nageoire dorsale, remplacée par une série de ronds noirs bordés de jaune et remontant le long des épines ;
- une robe beaucoup plus sombre, généralement noire, brune et or terne ;
- la présence sur les flancs de trois taches noires d'assez grande importance, aisément visibles à l'œil ;
- la tache blanche de la caudale, plutôt en triangle chez le doré jaune, plutôt en fer de lance chez son cousin noir.

Saumon ou ouananiche ?

Saumon atlantique

Ouananiche

Peu de gens le savent, mais la ouananiche et le saumon atlantique sont le même poisson (*Salmo salar*), sauf que l'un vit dans les eaux intérieures et que l'autre est anadrome, c'est-à-dire qu'il vit en mer et monte en eau douce pour frayer. Voilà pourquoi on nomme la ouananiche *landlock salmon* en anglais, c'est-à-dire « emprisonné dans les eaux intérieures ». Toutefois, cette affirmation est controversée.

La robe de la ouananiche est généralement plus foncée et sa caudale légèrement plus échancrée. Le saumon atlantique en provenance de la mer affiche une livrée très argentée. La mâchoire inférieure des mâles allonge et se recourbe pour former un crochet ou *kipe* menaçant, au temps du frai.

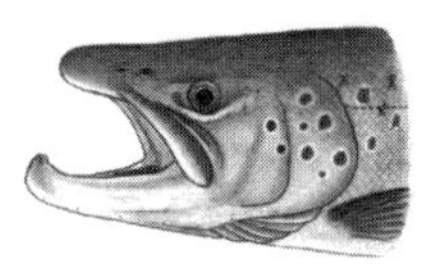

Gueule du saumon mâle au temps du frai

Brochet ou maskinongé ?

Grand brochet

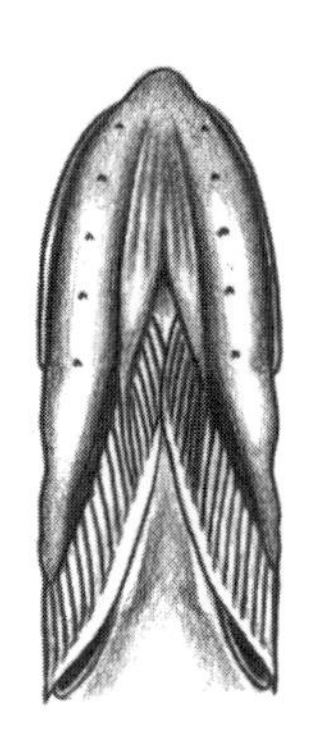

Pores sous-mandibulaires
Grand brochet

Pour plusieurs pêcheurs, la distinction entre un maskinongé et un brochet s'avère un problème. Voici trois modes d'identification fort simples :

- La robe du grand brochet (aussi appelé brochet du Nord) ressemble un peu à celle d'un léopard mais à l'inverse, soit avec des taches plus ou moins ovales et pâles sur un fond foncé ;

Maskinongé

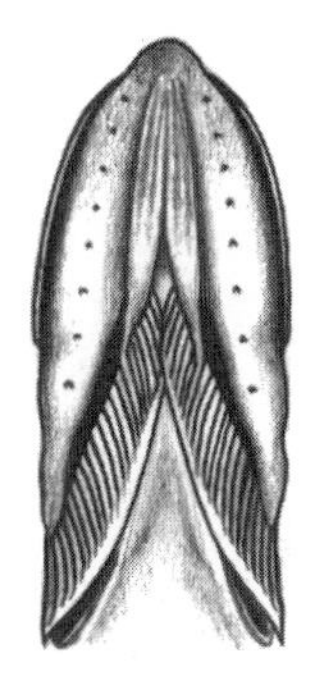

Pores sous-mandibulaires
Maskinongé

- La robe du maskinongé s'apparente plutôt à celle d'un tigre avec des rayures foncées sur fond pâle. Le grand brochet a presque toujours 10 pores sous-mandibulaires. Le maskinongé, selon son origine, en a de 12 à 18 ;
- Les joues du brochet sont entièrement recouvertes d'écailles tandis que celles du maskinongé le sont seulement à moitié.

Deux petits brochets

Brochet maillé

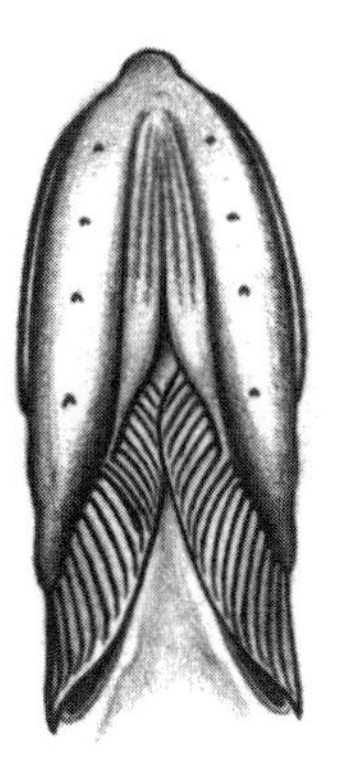

Pores sous-mandibulaires
Brochet maillé

Voici deux espèces de brochets de format réduit que l'on retrouve dans le sud du Québec : le maillé et le vermiculé. Le brochet maillé est un poids léger tandis que l'autre est un poids plume. Le record mondial des deux espèces se chiffrerait respectivement à 9 lb 6 oz (4,1 kg) et... 14 oz (396 g) !

Le maillé est doté d'opercules recouverts à 100 % d'écailles. Les motifs de sa robe rappellent les maillons d'une chaîne, lesquels sont foncés sur un fond or, d'où son nom français « maillé » et anglais *chain pickerel*.

Brochet vermiculé

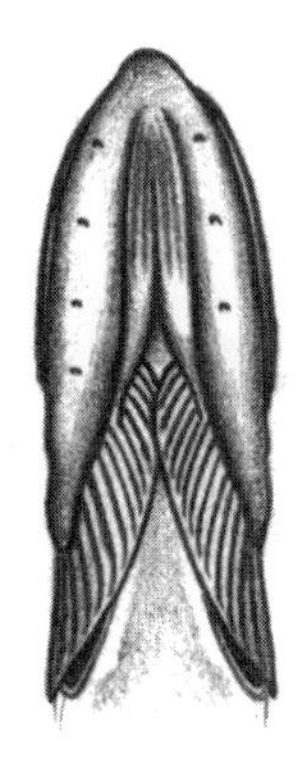

Pores sous-mandibulaires
Brochet vermiculé

Le brochet vermiculé se retrouve sensiblement dans le même habitat, soit dans des herbiers denses, mais ses opercules ne sont couverts d'écailles qu'à 50 %. Son œil est situé plus haut sur sa tête et sa robe est beaucoup plus terne.

Le maillé et le brochet vermiculé se distinguent facilement d'un grand brochet ou d'un *musky* de même taille par le fait qu'ils possèdent moins de 10 pores sous-mandibulaires. On trouve le maillé dans les Cantons-de-l'Est et au sud du Saint-Laurent, y compris la baie Missisquoi. Le vermiculé semble cantonné dans le fleuve Saint-Laurent et ses tributaires.

Achigan à grande bouche ou à petite bouche ?

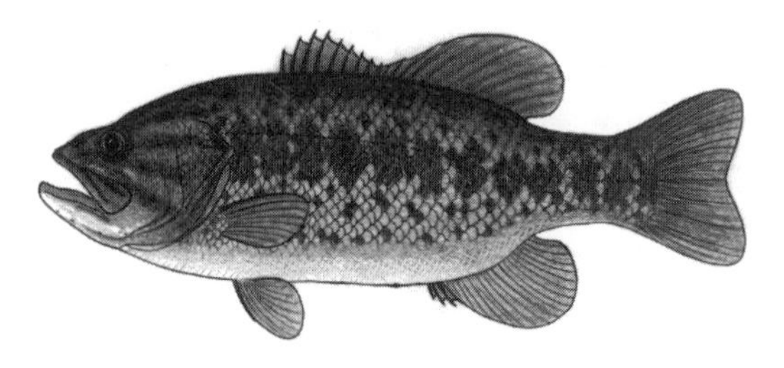

Achigan à grande bouche

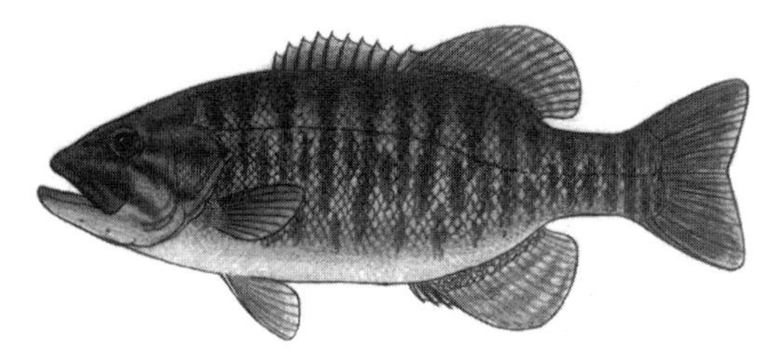

Achigan à petite bouche

Au Québec, on trouve deux espèces d'achigans. La plus répandue est l'achigan à petite bouche, nommée ainsi parce que sa lèvre supérieure ne dépasse pas son œil, contrairement à son cousin à grande bouche. De plus, la première espèce a des rayures plus ou moins prononcées dans le sens de la verticale, tandis que la deuxième est souvent dotée d'une ligne latérale noire. Cette ligne peut par contre être absente chez un spécimen adulte.

Connaissez-vous nos crapets?

Crapet de roche

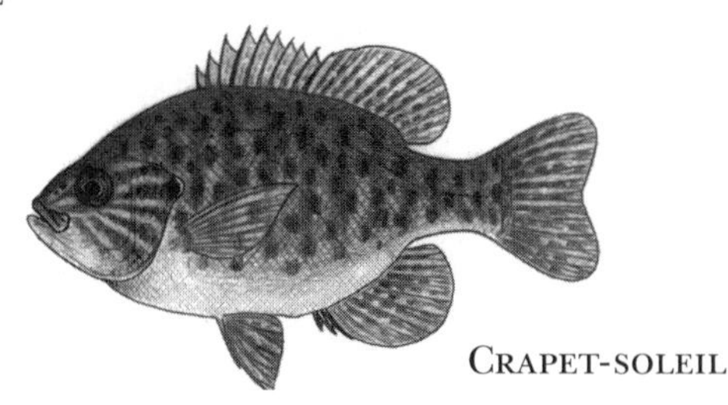

Crapet-soleil

Les crapets sont des poissons à l'allure sympathique. Il est dommage que plusieurs pêcheurs les rejettent car, en filets, ils sont tout simplement délicieux. Voici donc trois de ces représentants de la famille des centrarchidés, dans laquelle se trouvent aussi les achigans.

Le crapet de roche se caractérise par ses grands yeux rouges proéminents sur une tête arrondie et par une robe variant du gris foncé au vert pâle.

Le crapet-soleil est peut-être le poisson doté de la plus belle gamme de couleurs. Du jaune vif au bleu pâle en passant par le vert, sa robe est superbe. Le coloris et la forme caractéristiques des crapets révèlent immédiatement leur identité.

La marigane noire ou crapet calicot se distingue pour sa part par une petite tête légèrement effilée par rapport aux autres et par sa robe noire parsemée d'or.

Un poisson en or

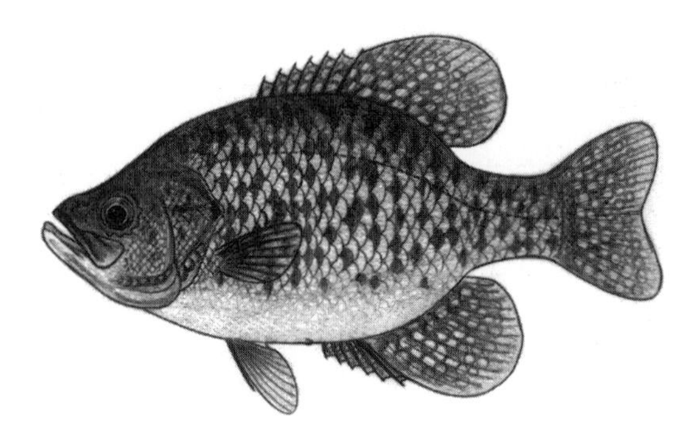

Marigane noire

La marigane noire est un poisson dont la taille varie de 6 po à 15 po (15 cm à 38 cm) pour un poids de 1/4 lb à 3 lb (0,1 kg à 1,4 kg). Ce poisson du sud du Québec fréquente les hauts-fonds pierreux agrémentés d'herbiers denses espacés les uns des autres. De nature grégaire, il se déplace en bancs parfois assez considérables.

La marigane adore les petits poissons de deux à trois pouces de longueur. Il s'agit de prendre un hameçon n° 10, d'y accrocher le vairon par les lèvres et d'ajouter un petit plomb à fente caoutchoutée à 18 po (46 cm) en avant de l'appât. Les lancers les plus près des herbiers sont habituellement les plus productifs. Les crevettes d'eau douce et les vers donnent aussi d'excellents résultats.

Poissons-fourrage

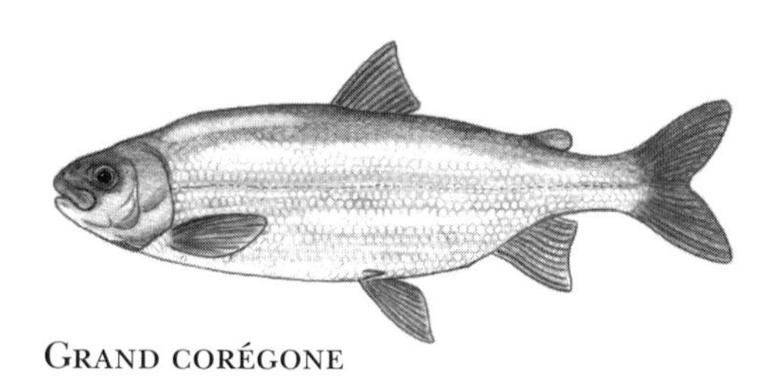

GRAND CORÉGONE

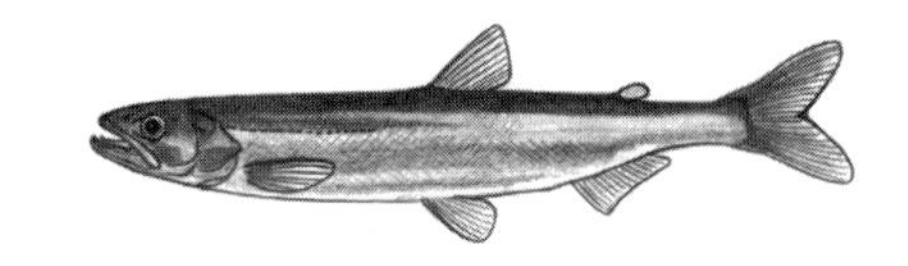

ÉPERLAN ARC-EN-CIEL

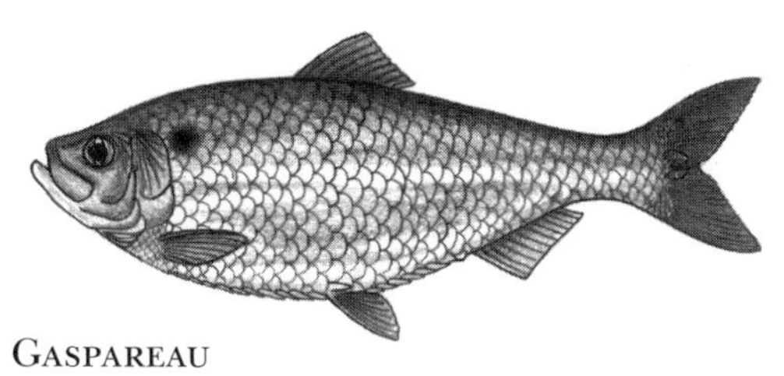

GASPAREAU

Sur les grands plans d'eau, certaines espèces de poissons prolifiques se rassemblent en bancs et servent de pâture aux prédateurs. C'est le cas d'un salmonidé, le corégone, et de l'éperlan, qui servent généralement de poissons-fourrage aux truites et ombles recherchées par les pêcheurs. Dans les grands plans d'eau de la région métropolitaine, on trouve aussi le gaspareau, lequel est très abondant dans le lac Saint-Louis.

Nos ménés

Au Québec, la plupart des poissons-appâts sont appelés ménés. Les véritables ménés sont en réalité des cyprins et on en dénombre 26 espèces. Aussi appelés blanchaille, ils servent de pâture aux prédateurs. La plupart restent de petite taille, sauf la carpe qui peut peser plus de 70 lb (31 kg). Les descriptions qui suivent vous permettront de vous familiariser avec les 11 espèces les plus répandues.

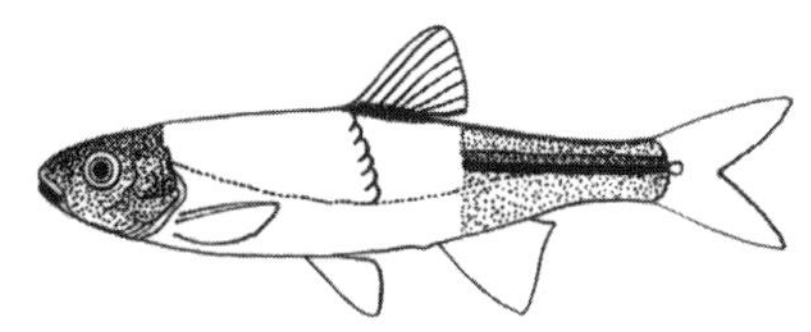

MÉNÉ ÉMERAUDE DE RIVIÈRE

Caractères principaux :

- menton noir ;

- 6 écailles de la dorsale à la ligne latérale ;

- insertion de la dorsale : grise ou noire de bout en bout ;

- 8 rayons à la dorsale ;

- bande latérale foncée surmontée d'une bande grise ou bleuâtre.

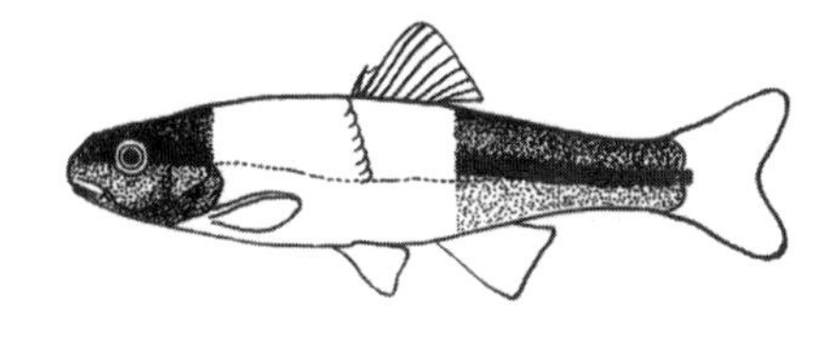

VENTRE-POURRI

Caractères principaux :

- petite tache noire sur le menton ;

- barbillon au coin de la bouche ;

• 6 ou 7 écailles de la dorsale à la ligne latérale ;

• 1 rayon seul et 7 à 9 rayons mous à la dorsale ;

• bande latérale foncée allant jusqu'au museau.

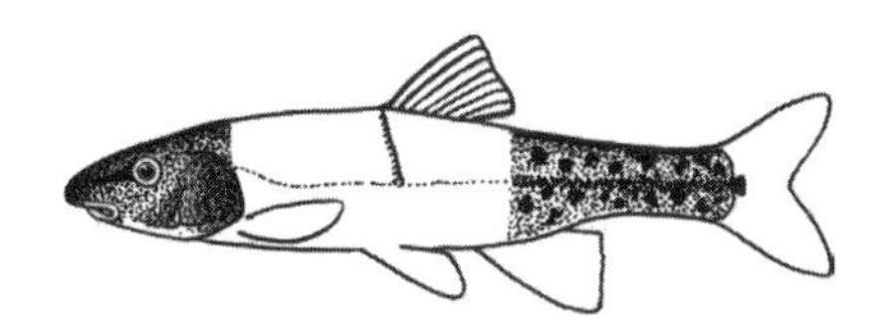

GOUJON À LONG NEZ

Caractères principaux :

- museau exagérément long ;

- barbillon au coin de la bouche ;

- lèvre supérieure épaisse rappelant celle d'un catostome ;

- 12 écailles de la dorsale à la ligne latérale ;

- 8 rayons à la dorsale ;

- taches foncées plus distinctes que la bande latérale foncée.

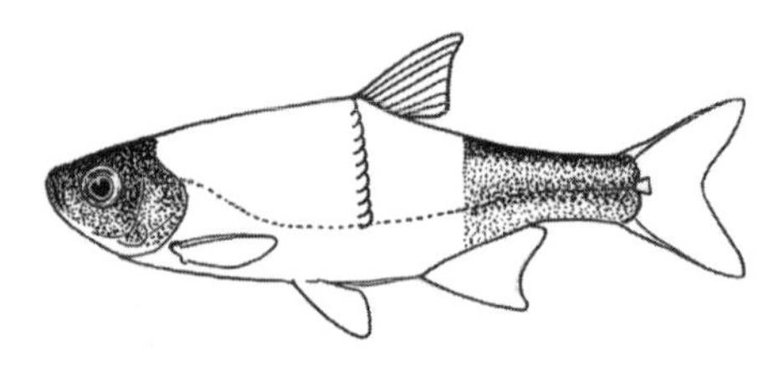

CHATTE DE L'EST

Caractères principaux :

- menton gris ;
- bouche retroussée ;
- ligne latérale qui descend au-dessous du tiers inférieur de la hauteur du corps ;
- 9 à 10 écailles de la dorsale à la ligne latérale ;
- 8 rayons à la dorsale.

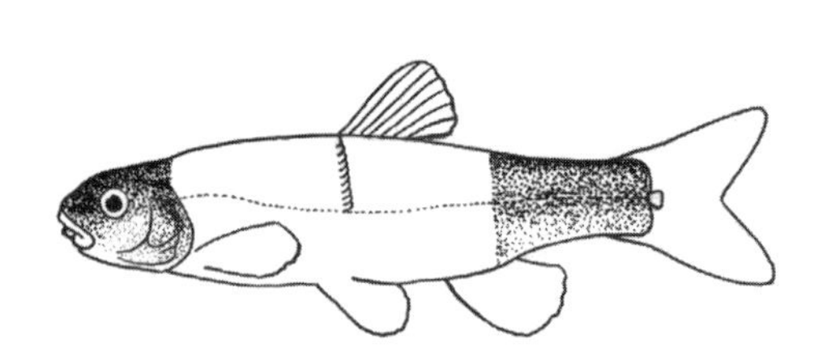

BEC-DE-LIÈVRE

Caractères principaux :

- mâchoire inférieure fendue en bec-de-lièvre ;
- 9 à 10 écailles de la dorsale à la ligne latérale ;
- 8 rayons à la dorsale.

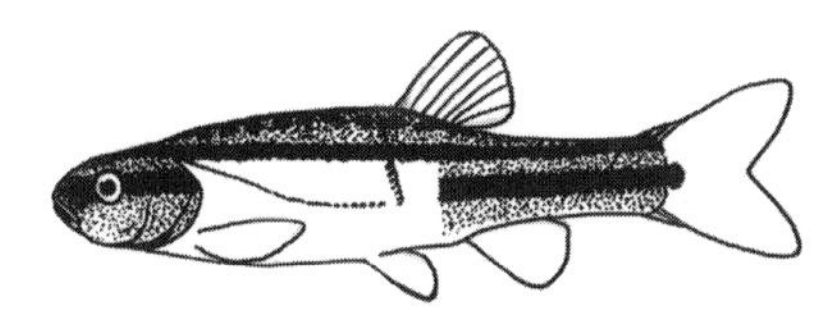

Goujon à ventre rouge du Nord

Caractères principaux :

- menton noir ;

- 17 à 20 écailles de la dorsale à la ligne latérale ;

- 8 rayons à la dorsale ;

- 3 bandes latérales foncées, la supérieure en série de taches ;

- bande latérale inférieure se rendant au museau.

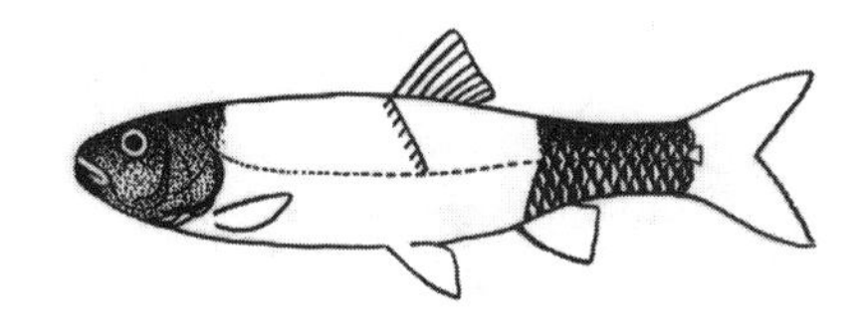

Ouitouche

Caractères principaux :

- menton noir ;

- barbillon au coin de la bouche ;

- 7 écailles de la dorsale à la ligne latérale ;

- 8 rayons à la dorsale ;

- insertion des écailles : foncée.

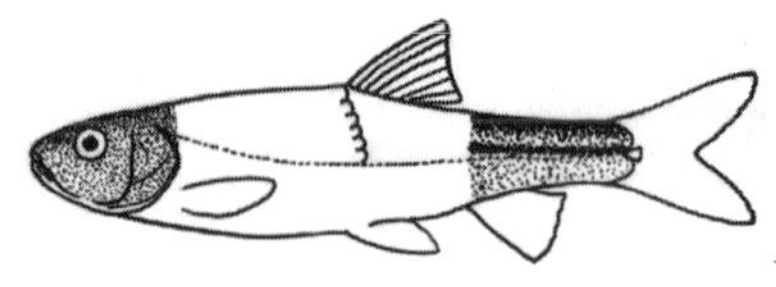

Méné argenté de l'Est

Caractères principaux :

- menton blanc ;
- 5 ou 6 écailles de la dorsale à la ligne latérale ;
- 8 rayons à la dorsale ;
- bande latérale foncée, surtout chez les jeunes.

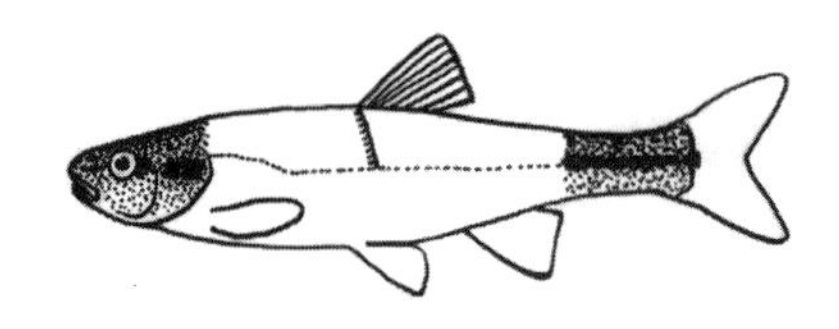

Méné de lac du Nord

Caractères principaux :

- menton noir ;
- 8 rayons à la dorsale ;
- 10 à 12 écailles de la dorsale à la ligne latérale ;
- bande latérale foncée, peu voyante chez les gros adultes ;
- tache caudale noire ou grise.

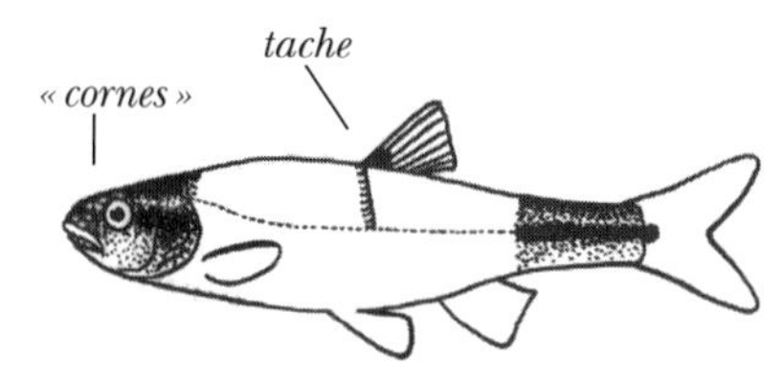

Mulet à cornes (mulet du Nord)

Caractères principaux :

- menton gris, ou blanc chez les gros ;

- 9 à 12 écailles de la dorsale à la ligne latérale ;

- tache noire à la base de la dorsale ;

- 8 rayons à la dorsale ;

- bande latérale foncée ;

- le mâle a plusieurs cornes sur le museau au temps du frai.

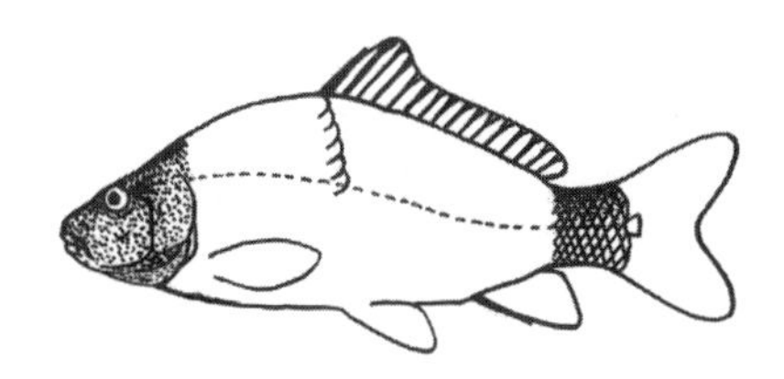

Carpe allemande

Caractères principaux :

- lèvres épaisses ;

- 1 long barbillon et 1 court de chaque côté de la lèvre supérieure ;

- 5 ou 6 écailles de la dorsale à la ligne latérale ;

- 1 épine au début de la dorsale et de l'anale ;

- 16 à 22 rayons à la dorsale ;

- corps massif.

Les nains de nos eaux

Fondule barré

Umbre de vase

Chabot

Raseux de terre

Certaines espèces de petits poissons sont souvent appelées à tort ménés à cause de leur taille réduite. C'est le cas du fondule barré et de l'umbre de vase, qui sont fréquemment capturés avec les cyprins dans la végétation. Par contre, si le prélèvement se fait en eau plus vive, il se peut qu'on trouve aussi des chabots.

Selon le type de fond, on pourra aussi avoir affaire à des dards, qui sont de la famille des percidés comme la perchaude. On en compte six espèces, dont le raseux de terre est la plus connue.

Un poisson qui prend l'air

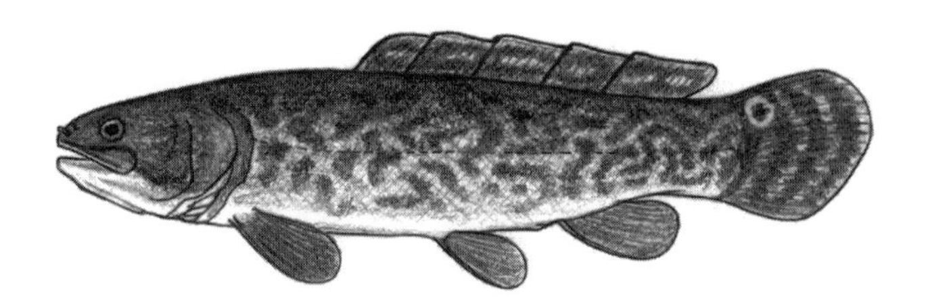

Amie (poisson-castor)

Le poisson-castor, à l'allure préhistorique et aux teintes allant du brun à olive foncé, fréquente les eaux basses où pousse beaucoup de végétation. Vivant dans le même milieu que l'achigan à grande bouche, il est son plus grand prédateur. Sa nourriture est surtout constituée de petits poissons et aussi d'écrevisses et de grenouilles. Son véritable nom est l'amie.

Sa capacité d'avaler de l'air à la surface et de supporter des températures élevées lui permet de vivre dans des eaux stagnantes, là ou d'autres grands prédateurs ne pourraient survivre.

Les poissons armés

Lépisosté osseux

Lépisosté tacheté

Le lépisosté est un poisson primitif que l'on trouve dans les eaux du sud du Québec. Il est connu sous le nom de poisson armé et sa longue gueule effilée garnie de dents acérées fait penser à une scie.

Il y a le lépisosté osseux et le lépisosté tacheté. Ce dernier est très rare. Sa robe a une coloration plus foncée que le premier et ses mâchoires sont plus larges, rappelant celles d'un crocodile.

Dans le sud des États-Unis, certains géants de cette famille, soit le lépisosté alligator, peuvent atteindre jusqu'à 300 lb (136 kg) et mesurer 10 pi (3 m) de long !

La lamproie, malédiction des autres poissons

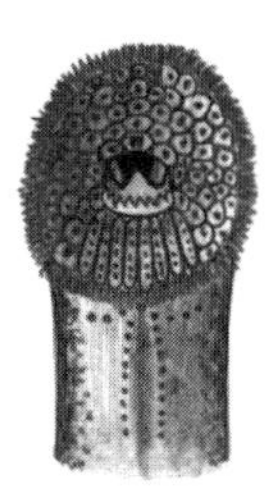

LAMPROIE ARGENTÉE

LAMPROIE MARINE

Il vous est peut-être déjà arrivé de capturer un poisson au corps duquel une lamproie était collée. La forme de cette dernière s'apparente à celle d'une anguille.

Alors que l'anguille est dotée de deux grandes nageoires allant à peu près du milieu du corps jusqu'au bout de la queue, la lamproie possède aussi deux longues nageoires s'étendant jusqu'au bout de la queue, mais leur profil est irrégulier.

La gueule de la lamproie agit comme un disque suceur. Elle est en grande partie responsable de la dissémination des populations de truite grise au lac Ontario.

La famille des morues

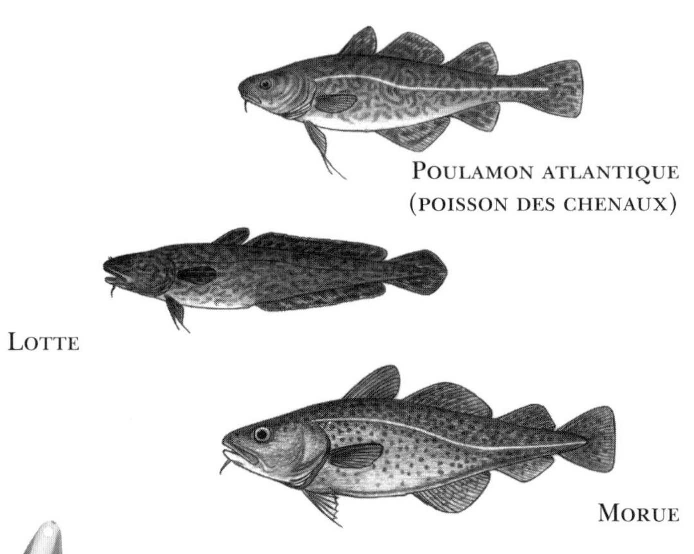

La morue, cet habitant de l'océan, est un poisson bien connu, non seulement pour la délicatesse de ses filets mais aussi à cause du mauvais souvenir de l'huile de son foie qu'on nous obligeait à prendre tout jeunes en hiver...

Le poulamon ou poisson des chenaux est aussi un poisson d'eau salée, mais il fait des migrations en eau douce pour frayer. Il donne lieu à une pêche intensive à Sainte-Anne-de-la-Pérade en hiver, où plus de 1 000 cabanes sont aménagées à cet effet sur la glace.

La lotte (et non pas la loche) est un poisson d'eau douce dont la valeur gastronomique est malheureusement sous-estimée dans la plupart des régions du Québec. Toutefois, au Lac-Saint-Jean, on en fait une pêche systématique en hiver, laquelle est une tradition. Dans la région, on l'apprête de façon délectable.

Barbue ou barbote?

Barbue de rivière

Barbote brune

Il arrive que la barbue et la barbote fréquentent les mêmes eaux. Par contre, la barbue atteint souvent 10 lb à 20 lb (4,5 kg à 9,1 kg) comparativement à la barbote, chez qui 4 lb (1,8 kg) semble être le poids maximum.

À taille égale, elles se ressemblent étrangement, mais la nageoire caudale de la barbote est droite et rappelle celle de la truite mouchetée, tandis que celle de la barbue est fourchue et rappelle celle de la truite grise.

Carpe et catostome

Catostome

Carpe

La carpe est un poisson qui a été introduit dans nos eaux par nos ancêtres. Elle est maintes fois confondue avec le catostome, répandu dans la plupart des régions du Québec et souvent surnommé *sucker*. Selon les régions, le catostome est appelé à tort carpe ronde, carpe blanche, carpe à cochon ou carpe à ailes rouges.

La carpe est dotée de petits barbillons aux coins de la lèvre supérieure, contrairement au catostome, qui en est complètement dépourvu.

L'épinoche à cinq épines

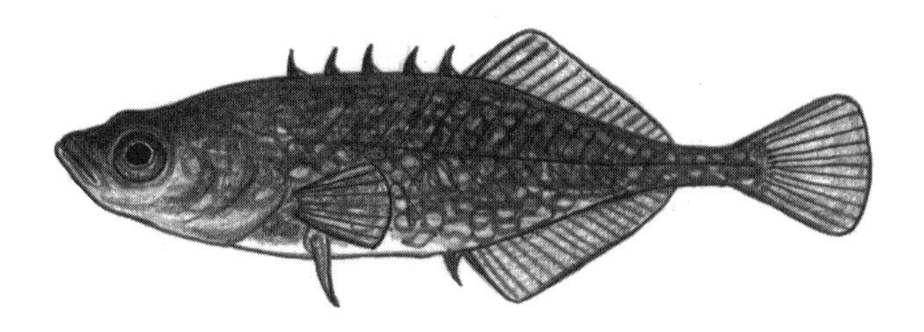

Dans les eaux du Québec, certains petits poissons semblent surgir de l'ère préhistorique avec leur protection épineuse : ce sont les épinoches. Elles vivent généralement en eau basse et sont très territoriales. On en compte sept espèces, dont la plus commune est l'épinoche à cinq épines.

Ces petits poissons sont souvent la proie de plusieurs espèces de poissons sportifs. Pour pêcher la truite brune et la truite arc-en-ciel au printemps, en rivière, certains monteurs de mouche astucieux utilisent une imitation d'épinoche (en *streamer*), alors que celle-ci est souvent l'un des seuls poissons-fourrage disponibles. La même stratégie peut aussi s'appliquer avec succès pour la truite mouchetée, en lac comme en rivière. L'achigan à petite bouche se régale aussi volontiers de l'épinoche.

La laquaiche, cette belle d'argent

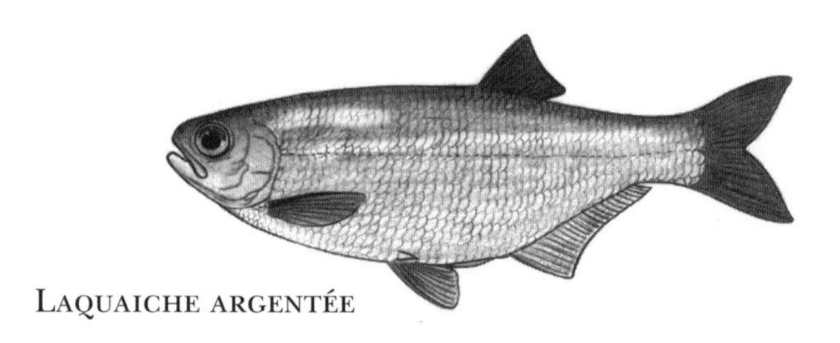

LAQUAICHE ARGENTÉE

Ce poisson argenté aux reflets miroitants s'avère très intéressant à taquiner, d'autant plus qu'il prend très bien les mouches. Sa pêche en eau courante avec un bas-de-ligne de petit diamètre peut même vous procurer plus d'émotions que la pêche à la truite.

La laquaiche abonde dans le sud du Québec, dont en bas des rapides de Chambly sur le Richelieu. À partir de la mi-juin, les petites mouches sèches classiques (n°s 14 à 20), imitant les éclosions du moment, sont souvent efficaces. Les mouches de couleur claire donnent habituellement un meilleur rendement, en particulier celles avec du jaune.

Les pêches du soir sont particulièrement productives. La laquaiche se prend aussi avec des petites cuillers tournantes telles les Mepps n°s 0 à 2. Des vers dérivant au gré du courant avec un petit plomb fendu peuvent vous faire capturer quelques spécimens. Les larves de perlide, les criquets et les crevettes d'eau douce, quand ils ne sont pas engloutis par un achigan ou une truite, vous assurent aussi des prises avec régularité.

Le musicien de nos eaux

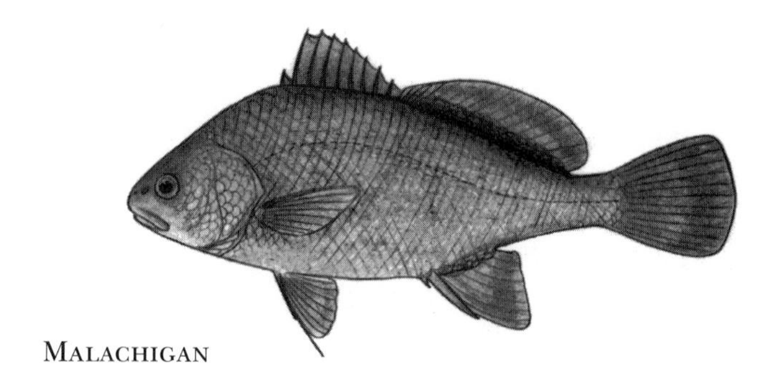

Malachigan

Le malachigan, dont la coloration va de l'argent au cuivre, fréquente les profondeurs des chenaux. Au Québec, on le trouve surtout dans le Saint-Laurent et dans le Richelieu, particulièrement en amont de Chambly. Il se nourrit principalement d'écrevisses et de mollusques.

Ce poisson d'allure bizarre émet des bruits de tambour, produits dit-on par l'action des muscles attachés à sa vessie gazeuse, entendus fréquemment durant l'été ! C'est cette faculté d'émettre des sons qui lui a valu son nom anglais *freshwater drum*...

Saumon chinook (voir équipement p.91).

Achigan à grande bouche (voir secret p.22 et truc p.120)

Truite arc-en-ciel (voir secret p.15 et équipement p.82).

Achigan à petite bouche (voir équipement p.74 et p.75).

Truite mouchetée (voir secrets p.12, puis truc p.104 et p.115)

Truite grise ou touladi (voir secret p.13 et truc p.111)

Ouananiche (voir secret p.17, équipement p.77 et truc p.129)

Maskinongé (voir secret p.19 et équipement p.66)

Truite (voir truc p.123)

Les appâts

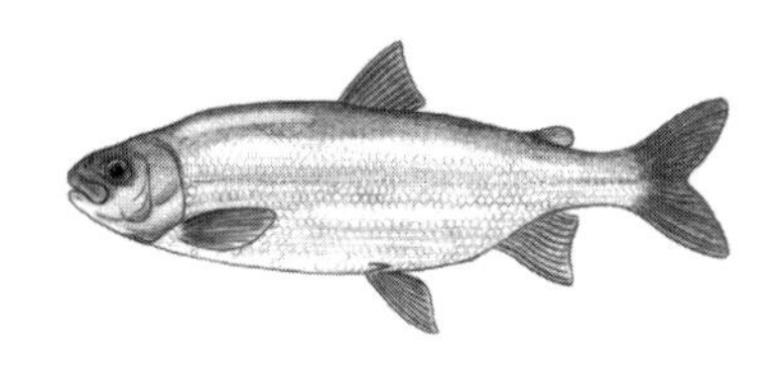

Chapitre 2

L'éperlan, un superappât pour les salmonidés

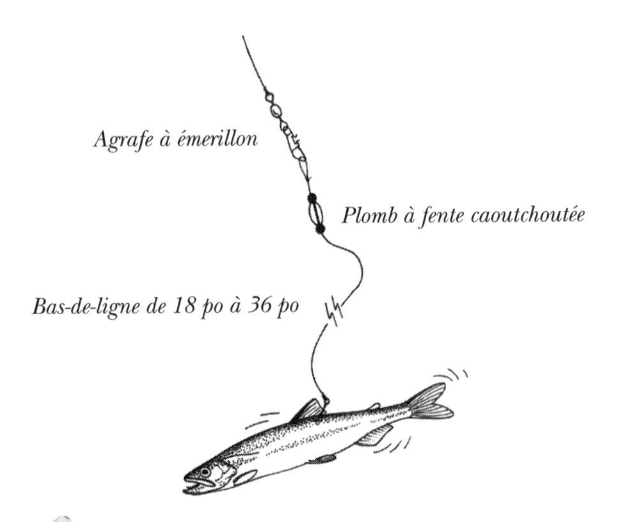

Voici une méthode de pêche au coup pour capturer les poissons qui ont l'habitude de se nourrir en suspension, telles la truite brune, la truite arc-en-ciel et la ouananiche. Attachez d'abord une agrafe au bout de la ligne pour prévenir le vrillage. Fixez-y un monobrin de 18 po à 36 po (45 cm à 91 cm) de long, à l'extrémité duquel vous aurez attaché un hameçon à hampe courte. Dans le haut du bas-de-ligne, un plomb à fente caoutchoutée doit être placé sur le fil. L'éperlan est piqué derrière la nageoire dorsale.

Les plus petits (environ 3 po - 7,5 cm) sont généralement les meilleurs.

Dès les premières morsures, laissez l'appât libre en libérant le frein de votre moulinet. Quand le fil arrêtera de se dévider, ferrez !

Le méné saoul

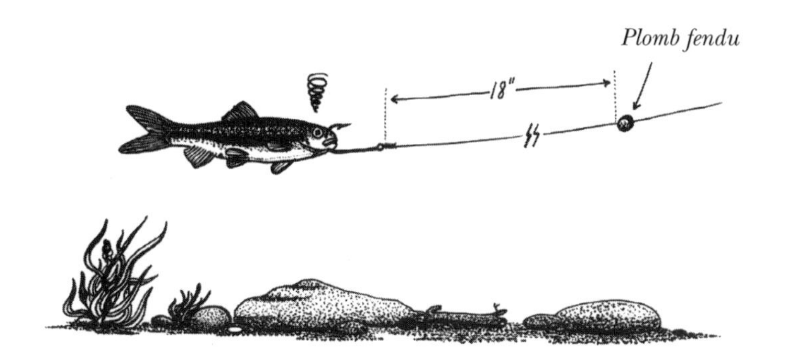

Les petits poissons qui ont de la difficulté à maintenir leur équilibre en nageant sont les plus recherchés par les prédateurs, qui sont opportunistes de nature. En titubant et en exposant ainsi ses flancs, le petit poisson démontre sa vulnérabilité et sera vu comme une proie facile. Il est possible de produire cet effet avec un méné en effectuant le montage suivant.

Piquez un méné d'environ 2 1/2 po (6 cm) à travers la mâchoire inférieure et faites ressortir la pointe de l'hameçon au coin de l'œil. Pincez un plomb fendu à 18 po (46 cm) plus haut sur le monobrin. Ce truc est particulièrement efficace en rivière pour la capture du doré et de l'achigan.

Vif et marcheur de fond

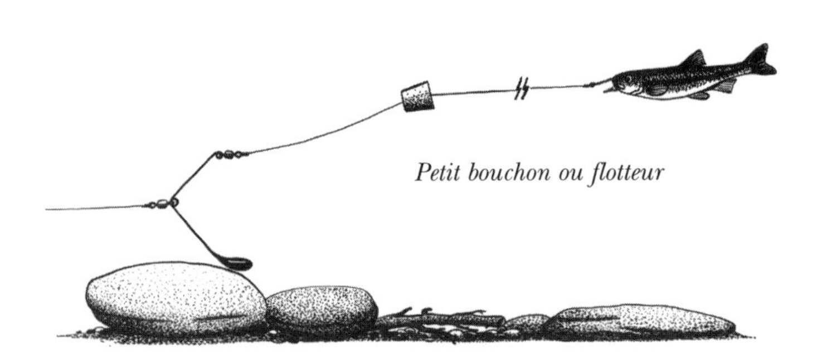

Quand on utilise un vif avec un marcheur de fond, il est souvent préférable que l'appât se déplace au-dessus des obstacles du fond, histoire de ne pas s'y accrocher et d'être plus visible pour les poissons prédateurs. Pour ce faire, enfilez un petit bouchon de liège ou un minuscule flotteur transparent au milieu de l'avançon.

Les larves d'insectes, des bouchées de choix

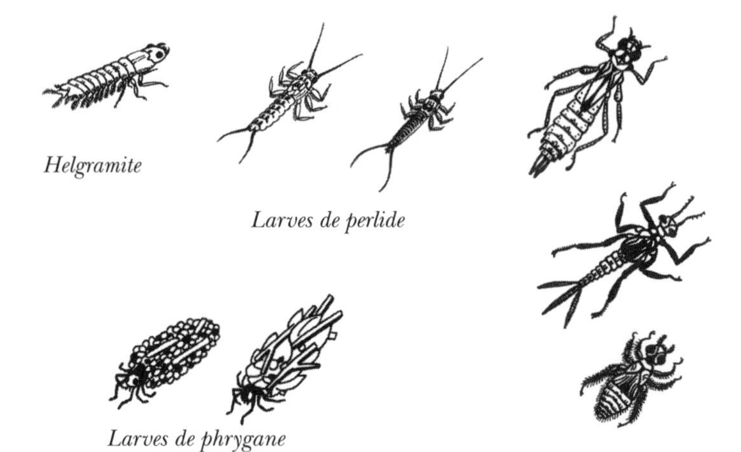

Dans plusieurs cours d'eau à fond rocailleux, on trouve les larves de perlide ou *stonefly*. Elles constituent un repas de choix pour les truites mais aussi pour l'achigan à petite bouche, qui retourne les petites roches avec son museau puissant pour s'en régaler.

Il en va de même pour la larve de *helgramite*, qui constitue de la vraie dynamite pour la pêche au grand batailleur à petite bouche. La plupart des étangs, ruisseaux, rivières et lacs abritent aussi des larves de libellule. Les poissons sportifs ne dédaignent jamais une telle bouchée.

En rivière, les salmonidés avalent en grande quantité des larves de phryganes (*caddis*), qui ont souvent l'habitude de se dissimuler dans un fourreau formé de débris végétaux. On trouve ces types de larves en soulevant les roches ou les souches submergées.

Les sauteurs ailés

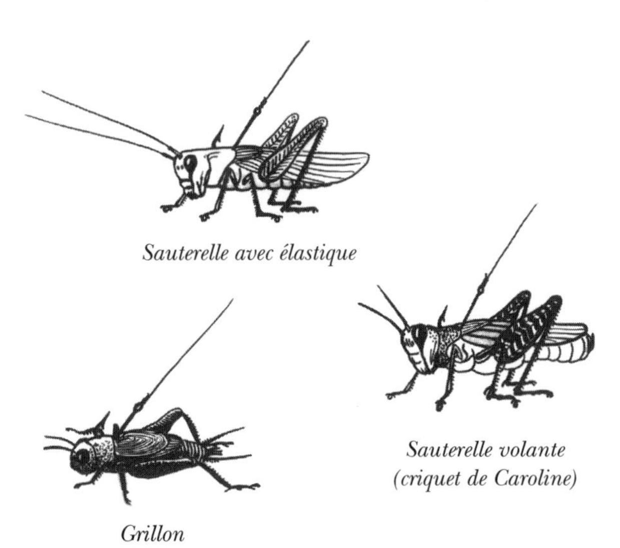

Sauterelle avec élastique

Sauterelle volante (criquet de Caroline)

Grillon

Vers la fin de l'été, surtout en août, les sauterelles et criquets valent leur pesant d'or pour le pêcheur. Les sauterelles sont plus faciles à capturer la nuit, alors que pour les criquets une excursion au champ au cours d'un après-midi donnera sûrement une bonne récolte. Dans le cas de la sauterelle volante (criquet de Caroline), un filet à papillons sera d'une grande aide pour sa capture, alors que les autres se saisiront très bien à la main.

Le dernier et non le moindre des sauteurs ailés proposés est le grillon, qui convient très bien à la pêche au *panfish*. Il est facile à capturer à cause de son habitude de se dissimuler sous les souches ou autres débris là où règne une forte humidité.

Capturez vos vers de nuit

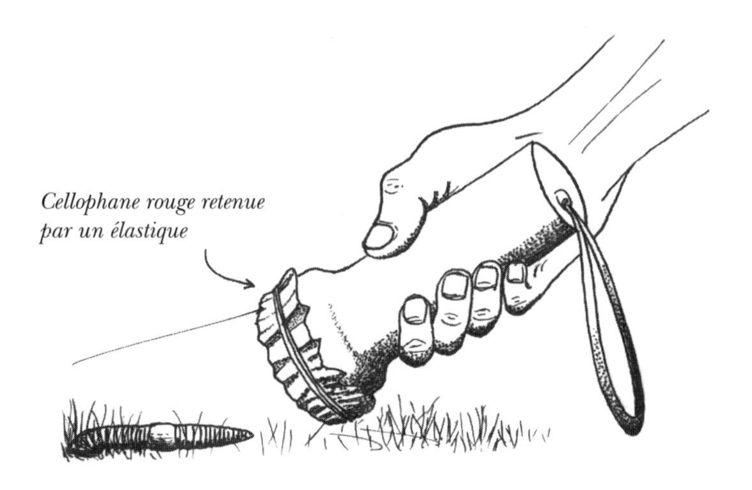

Après de fortes pluies, à la tombée du jour, les vers sortent de leur trou sur le gazon. C'est le moment rêvé pour s'en faire une provision. Utilisez à cet effet une lampe de poche dont vous aurez recouvert la lentille d'un morceau de cellophane rouge pour tamiser la lumière car, autrement, le ver s'enfuira au fond de son trou.

Approchez à pas feutrés sur le sol afin d'éviter les vibrations susceptibles de le faire fuir. Pour le capturer, saisissez-le entre votre pouce et votre index. Sortez-le lentement de son trou, sinon il cassera. Il est important que vos vers soient en parfait état lorsque vous les mettrez dans votre litière ; sinon, ils contamineraient les autres en se décomposant.

Pour bien conserver vos vers

Moustiquaire pour aération (facultatif)

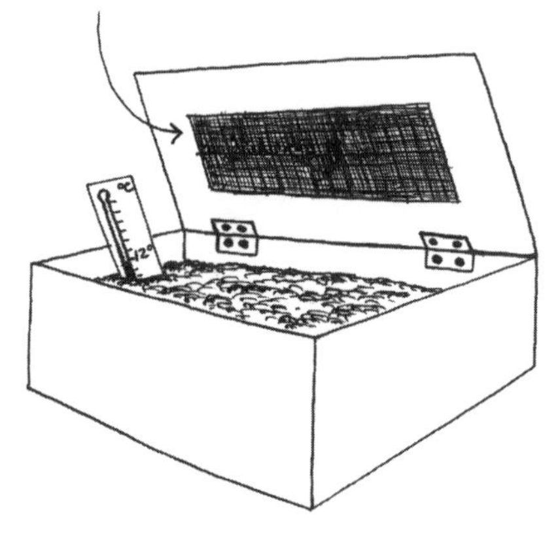

Pour garder vos vers, n'importe quelle boîte carrée en bois ou en plastique peut faire l'affaire pour autant qu'elle ait un couvercle et un espace suffisant pour le nombre de vos pensionnaires.

La litière peut être composée de mousse et de terre, mais certaines litières commerciales donnent des résultats étonnants. Que vous gardiez vos précieux vers dans la mousse ou la terre, vous devez les nourrir. Vous pouvez utiliser à cet effet des grains de maïs, du café ou les feuilles de thé d'un sachet ayant été infusé.

La litière doit être humide et fraîche en tout temps, sans être détrempée. Vous pouvez la laisser dans un coin du sous-sol, à condition qu'il y fasse frais, ou, mieux, dans un vieux réfrigérateur que vous pourriez n'utiliser que pour vos appâts. La température idéale est d'environ 12 °C (55 °F).

Le ver soufflé

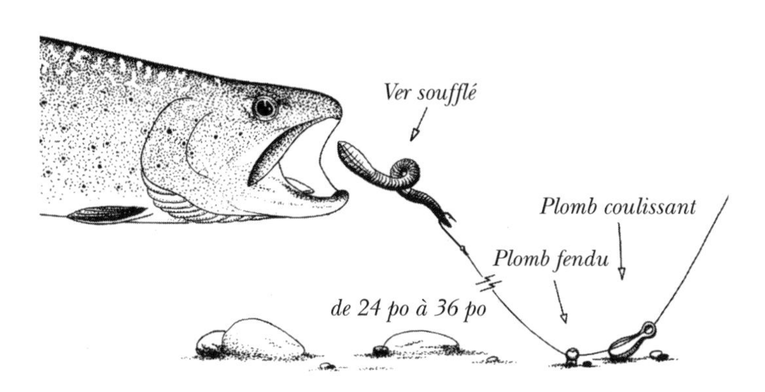

Pour obtenir le meilleur d'un ver de nuit comme appât, empalez-le par la tête à un petit hameçon (n° 6) et insufflez-lui de l'air dans la queue à l'aide d'une seringue, ce qui le fera flotter entre deux eaux. Non seulement cela le rendra plus visible, mais cela lui donnera une allure plus naturelle, au point qu'il semblera libre de toute attache.

Cette méthode a acquis énormément de popularité aux États-Unis et fait quelques adeptes au Québec. Ceux-ci sont souvent plus puristes que des pêcheurs à la mouche : ils « conditionnent » leurs vers dans des litières pour les rendre plus durs et vigoureux. Cette méthode est aussi basée sur un montage spécial : un plomb coulissant, bloqué par un plomb fendu, permet de libérer le frein dès la première morsure sans que le poisson sente de résistance.

Le ver rouge

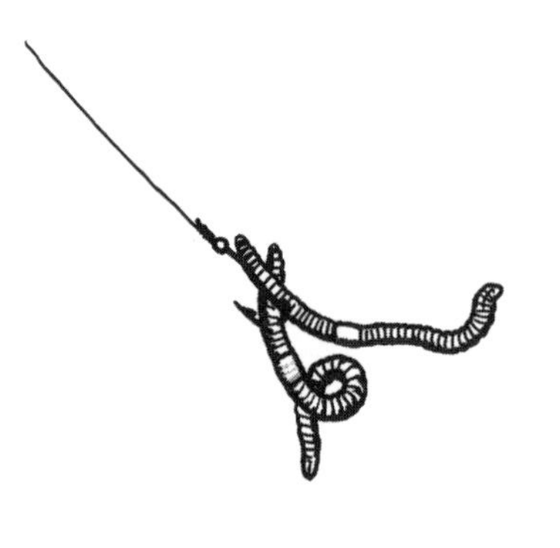

Le ver rouge, que vous trouvez dans votre jardin, sous les souches humides ou sous les pierres de votre rocaille, est l'appât parfait pour les truites mouchetées et d'autres poissons de même taille. Il faut dire qu'il bouge beaucoup plus que le ver de nuit, bien qu'il résiste généralement moins longtemps.

Enfilez-en deux à votre hameçon, cela rendra l'offrande doublement intéressante.

Le ver de fumier

En ruisseau, le ver de fumier est un appât doublement irrésistible pour la truite à cause de l'odeur et à cause du coup d'œil lorsqu'il est appâté en grappe.

L'achigan à petite bouche en raffole. Il suffit de lui servir l'appât dans les fosses ou sur les battures rocailleuses. Le doré ne dédaigne pas cette offrande non plus.

Ver et méné

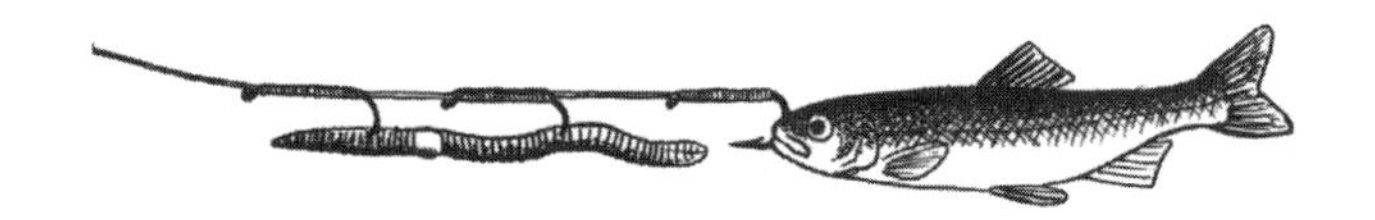

La combinaison de deux appâts vivants, par exemple un ver précédant un méné, peut donner des résultats étonnants quand les présentations classiques sont boudées des poissons. Prenez un bas-de-ligne muni de trois hameçons simples montés un derrière l'autre. Piquez un ver sur les deux premiers hameçons et un vairon par les lèvres sur l'hameçon de queue.

À la récupération, ce montage donne l'impression d'un méné s'appropriant un beau gros ver, ce qui semble provoquer l'instinct de compétition des prédateurs.

Deux bons appâts : la sangsue et la limace

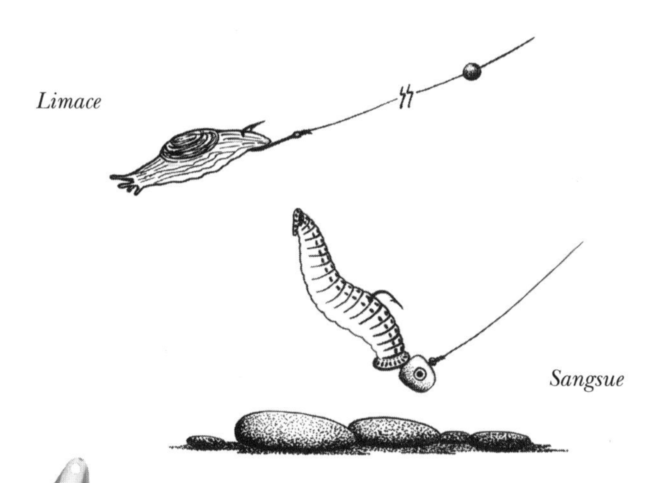

Par son aspect rébarbatif, la sangsue porte la plupart des pêcheurs au dédain et le fait qu'elle colle à la peau pour sucer le sang en rend plusieurs craintifs. Pourtant, la manipuler pour l'appâter est tout à fait inoffensif.

Utilisée avec un *jig* flottant ou autrement, la sangsue est un appât redoutable pour l'achigan à petite bouche, le doré jaune ou la truite mouchetée. On la capture en fouillant sous les roches submergées.

La limace est un bon substitut lorsque les sangsues se font rares. On la trouve sur terre dans des endroits humides, surtout sous des souches en décomposition.

Ces appâts naturels, à portée de la main, ne coûtent rien.

Les grenouilles

Tous les pêcheurs ont, un jour ou l'autre, utilisé une grenouille comme appât. Les adeptes de la pêche au brochet et au maskinongé emploient régulièrement les ouaouarons et les grenouilles vertes.

Pour l'achigan, les grenouilles de couleur vive favorisent généralement un résultat supérieur : on utilisera la grenouille-léopard pour l'achigan à petite bouche et la grenouille des marais pour l'achigan à grande bouche.

Les grenouilles des bois, que l'on déniche sous les souches, et la grenouille septentrionale, qui vit dans les petits sous-bois et dans les tourbières, sont quant à elles excellentes pour la capture de la truite mouchetée.

Il y a deux principales façons de les appâter : par la gueule et par une cuisse, selon l'espèce que l'on pêche. La première façon doit être utilisée pour les poissons qui saisissent l'appât par la tête, tel l'achigan. La deuxième s'applique aux prédateurs attaquant la proie par-derrière ou de côté, comme le brochet et le doré. Pour attraper ce dernier, il est toutefois préférable de présenter la grenouille près du fond, à l'aide d'un plomb.

Les framboises magiques...

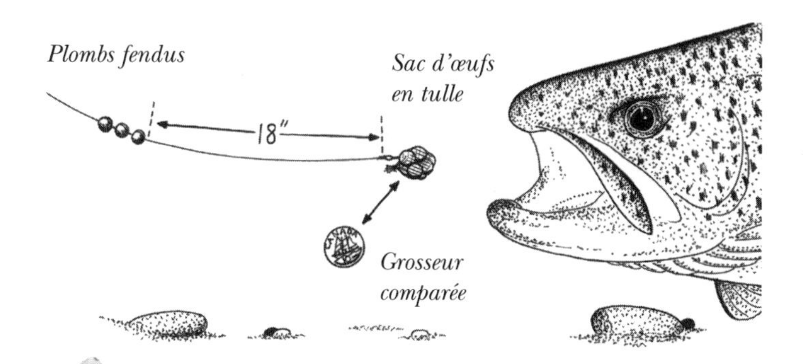

En rivière, les œufs des salmonidés constituent un excellent appât pour la truite brune en automne et pour la truite arc-en-ciel au printemps, c'est-à-dire durant le frai. Vous pouvez utiliser des œufs de saumon en pot ou, mieux encore, les œufs d'une truite femelle fraîchement capturée. Le truc consiste à faire un petit sac d'œufs et de l'appâter à un hameçon simple ou triple bien dissimulé.

Vous pouvez fabriquer ce sac avec un morceau de tulle rouge (disponible dans la plupart des magasins de tissu) que vous refermerez par plusieurs tours d'un fil de nylon rouge et un bon nœud. La taille du sac ne doit pas dépasser de beaucoup celle d'une pièce de 10 cents. Préparez-en plusieurs à l'avance. Une fois montés, ces sacs, qui ressemblent étrangement à des framboises, ont un pouvoir de séduction qui tient de la magie...

Comme ces sacs doivent être présentés près du fond à la dérive, vous devez lester votre ligne en ajoutant quelques plombs fendus à environ 18 po (46 cm) plus haut. Vous pouvez aussi empaler un petit tube de caoutchouc à l'aide d'une tige d'acier contre laquelle le monobrin est coincé. Cette dernière méthode est utilisée avec succès pour attraper le saumon chinook en Alaska.

L'écrevisse, délice des poissons sportifs

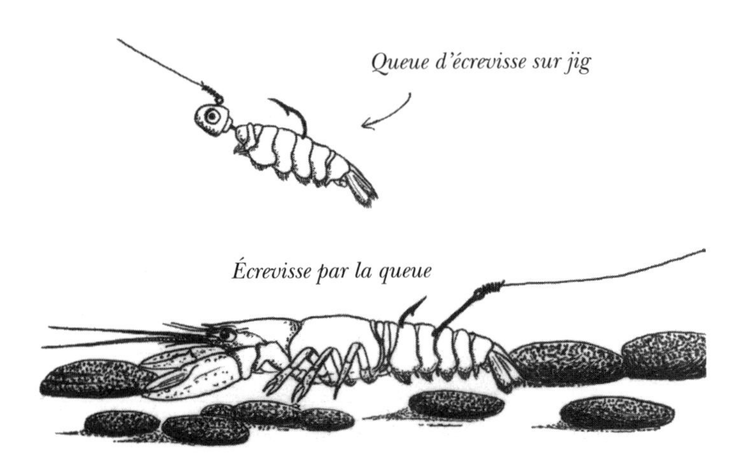

Ce homard miniature est réputé pour sa grande efficacité à la pêche à l'achigan. Saviez-vous que la truite et le doré en raffolent ? Peut-être devriez-vous en tenir compte et en faire l'essai dès la prochaine occasion.

Il est important de bien appâter l'écrevisse par la queue, si on veut obtenir le succès escompté. Il suffit simplement de passer une première fois la pointe de l'hameçon dans le bout de la queue puis de la faire ressortir un peu plus loin. De cette façon, l'écrevisse est suffisamment libre de mouvement pour se comporter de façon naturelle.

La queue seulement fait aussi un excellent appât, à même un hameçon simple ou un *jig*. Son extrémité doit se trouver vers le bas pour un maximum d'efficacité.

La salamandre, un appât sous-exploité

Certains pêcheurs qui capturent la salamandre par hasard croient au premier coup d'œil qu'il s'agit d'un lézard. Il s'agit alors d'une necture tachetée, l'espèce la plus courante et la géante de la famille. De couleur brune avec taches noires, elle peut atteindre 17 po (43 cm) de long.

Les sujets de moins de 10 po (25 cm) constituent un excellent appât pour le doré et l'achigan trophée. On déniche la necture tachetée sous les roches des rivières à fort débit.

Parmi les salamandres aquatiques, mentionnons aussi le triton vert et sa larve, l'elfe rouge, qui vivent dans les endroits marécageux, ainsi que les salamandres pourpres et à deux lignes, qui se dissimulent habituellement sous les roches aux abords des ruisseaux.

Pour utiliser une salamandre comme appât, on l'empale par la gueule. Il est essentiel que la pointe et la hampe de l'hameçon soient assez rapprochées l'une de l'autre car, avec ses pattes, la salamandre peut se libérer. Elle essaie continuellement de se déprendre, ce qui en fait une proie fort attrayante pour les prédateurs se trouvant dans les environs.

L'équipement de pêche

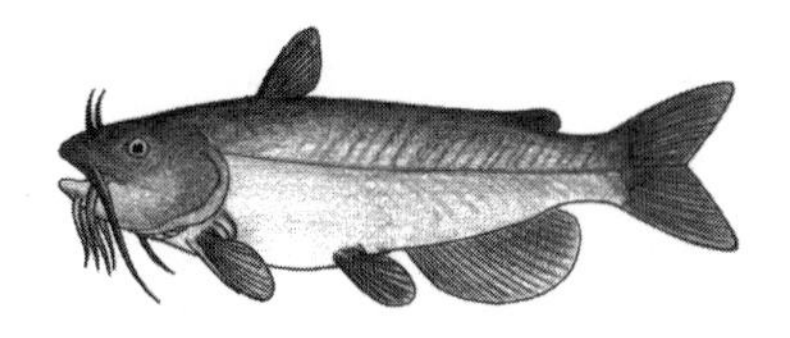

Chapitre 3

Des leurres soniques

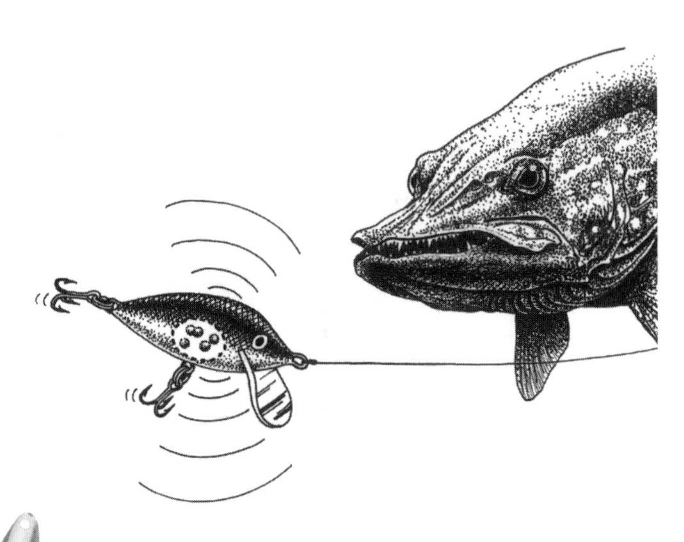

Depuis quelques années, plusieurs manufacturiers insèrent de petites billes de métal ou de plastique dur à l'intérieur de certains poissons-nageurs ou même de certaines cuillers. Au moment de la récupération du leurre, le mouvement occasionne un déplacement de ces billes, qui frappent les parois et produisent des sons.

Le succès de ces leurres fut tel qu'on a poursuivi l'expérience par d'autres modifications. Certains modèles ne contiennent plus seulement des billes heurtant les parois, mais aussi des pièces internes pouvant s'entrechoquer entre elles. Ces leurres sont disponibles en plusieurs versions, que ce soit pour la pêche de surface, en suspension ou même en profondeur. Ils sont très efficaces pour attraper l'achigan, le brochet, le doré et le maskinongé.

Les cuillers ondulantes

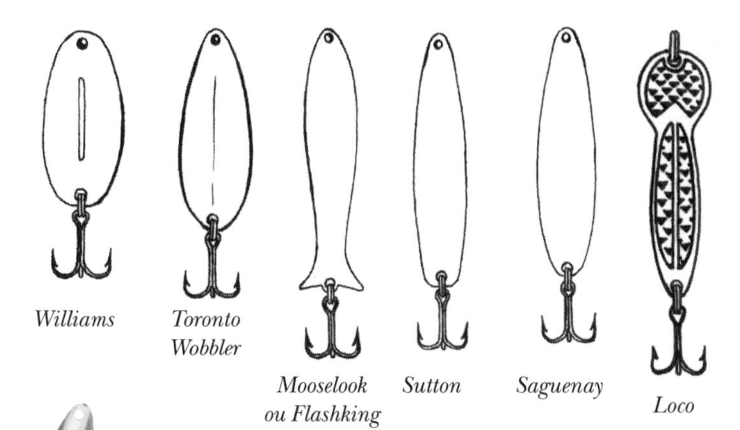

Les cuillers ondulantes ont la curieuse faculté d'attirer la plupart des espèces de poissons sportifs en imitant rien de particulier ou, à tout le moins, en étant une imitation très imparfaite d'un poisson-appât. Leur mouvement ondulatoire, combiné à leurs reflets, est plus que suffisant pour provoquer une attaque, si on en juge par leur remarquable efficacité.

On en retrouve plusieurs catégories, en fonction de leur utilisation. Les plus lourdes, de forme massive et plus ou moins ovale, sont idéales pour le lancer tout en ayant une course plus profonde, souvent indispensable dans les rivières à fort courant.

Elles conviennent également à la traîne, en lac. Mentionnons les Loco, Williams ou Toronto Wobbler.

Il y a aussi les cuillers en forme de poisson, telles les Flashking et Mooselook, utilisées avec succès dans la traîne rapide. Enfin, il ne faudrait pas oublier les Sutton, les Saguenay ou toutes ces cuillers de forme allongée, si minces qu'on peut les plier pour obtenir l'action désirée. Elles sont idéales pour la pêche en profondeur au *downrigger,* à la ligne plombée ou au *pink lady.*

Les cuillers tournantes

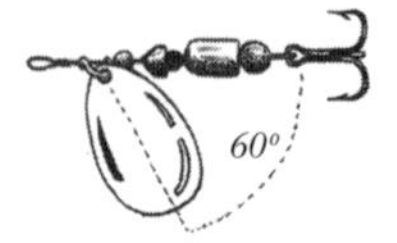

TYPE COLORADO
Course peu profonde

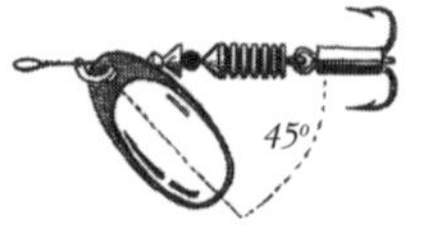

TYPE INDIANA
Course moyenne

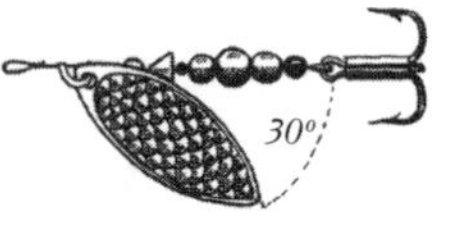

TYPE FEUILLE DE SAULE
(willow leaf)
Course profonde

Les cuillers tournantes sont probablement les leurres les plus polyvalents. On peut les utiliser au lancer ou à la traîne. On s'en sert avec le trépied original ou avec un bas-de-ligne muni d'un hameçon simple garni d'un ver ou d'un autre appât.

Rien ne vous empêche de les utiliser en tandem avec une autre cuiller tournante, un *streamer* ou un autre leurre. Avec autant de possibilités, il n'est pas étonnant que l'on puisse capturer la plupart des espèces de poissons sportifs, les reflets et les vibrations de la palette suffisant à provoquer leur agressivité.

Soulignons que la profondeur à laquelle la cuiller va progresser dépend de l'angle de la palette au moment de la récupération. Celles à forme allongée, de type feuille de saule (*willow leaf*), offrent peu de résistance et se prêtent bien au lancer dans les eaux à fort courant ou à la traîne rapide sur un lac. Leur course est plus profonde que les autres types de cuiller tournante.

Les classiques, soit celles à forme ovale (type Colorado ou Indiana), à cause de leur résistance à l'occasion de la récupération, peuvent être utilisées au lancer dans des eaux calmes ou à la traîne lente sur un lac. Elles ont une course peu profonde.

Parmi les cuillers tournantes les plus connues, mentionnons les Mepps, Veltic, Panther Martin et Vibrax.

Ondulante et bas-de-ligne

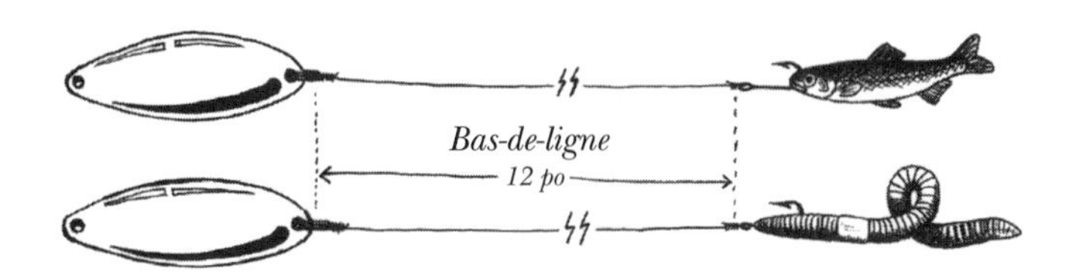

Dans plusieurs régions, les cuillers ondulantes sont employées comme leurres plus que les cuillers tournantes. On y ajoute le plus souvent un bas-de-ligne d'environ 12 po (30 cm) de longueur appâté d'un ver.

Cette combinaison est efficace pour la truite mouchetée et la truite grise, particulièrement en début de saison.

Cuiller antiherbe orange fluorescent

CUILLER ANTIHERBE

Les endroits à la végétation aquatique dense sont habituellement des refuges de prédilection pour le brochet. Les cuillers antiherbe s'avèrent souvent les meilleurs leurres dans de telles conditions.

Choisissez de préférence les argentées et, si elles sont de couleur, grattez-les pour en enlever la peinture. Vaporisez-les de peinture orange fluorescente. Cette couleur provoque le brochet au point de le rendre fou de rage. Son attaque sera instantanée !

Cuillers tournantes en tandem

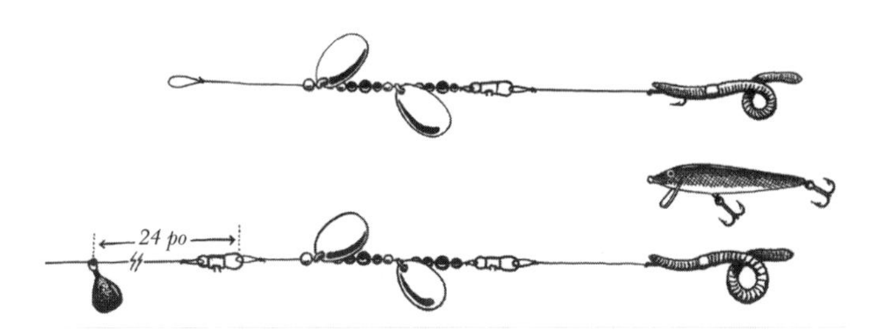

Les cuillers tournantes en tandem sont surtout employées pour la truite, habituellement suivies d'un bas-de-ligne, avec un ver. Les petits formats sont surtout destinés à la truite mouchetée et les plus gros, à la truite arc-en-ciel et à la truite brune en rivière.

On peut s'en servir également pour le doré jaune quand, après une crue des eaux, ces dernières sont embrouillées. Le montage consiste à attacher un plomb-cloche à une distance de 24 po (61 cm) en avant du tandem. En rivière, le plomb doit être juste assez lourd pour toucher le fond des fosses malgré le courant. On peut attacher directement un poisson-nageur au tandem ; cela ne semble affecter en rien son travail et le rend, si on peut dire, doublement visible.

Cuiller tournante plus

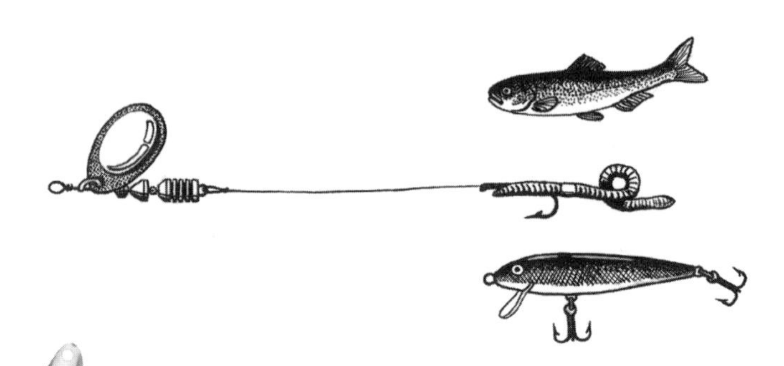

On se sert souvent de la cuiller tournante avec un bas-de-ligne garni d'un ver. Ce populaire montage est surtout utilisé pour la pêche à la truite mouchetée, mais d'autres espèces peuvent y succomber. Il serait beaucoup plus intéressant de pêcher la perchaude de cette façon, plutôt que de la prendre au coup avec un gros plomb et deux grossiers hameçons.

Un montage constitué d'une cuiller tournante suivie d'un poisson-nageur attaché à un bas-de-ligne est très efficace auprès de la truite brune en début de saison. Comme la récupération peut être plus lente qu'avec le poisson-nageur seulement, le poisson, plus lent à réagir dans des eaux très froides et embrouillées, a plus de chances de happer le leurre.

Pendant toute la saison, un montage semblable vaut son pesant d'or pour attraper la truite arc-en-ciel en rivière. Toutefois, il est souvent préférable d'utiliser un *streamer* au lieu d'un poisson-nageur, du moins dans les plus petits cours d'eau, où la truite est généralement de plus petite taille.

L'achigan mord bien à un montage de ce type, surtout quand vous vous servez d'un petit méné comme appât (lorsque les règlements le permettent). Pour augmenter vos chances de prendre de la truite mouchetée grand format, essayez la cuiller tournante de votre choix avec un petit poisson-nageur.

Le chapelet

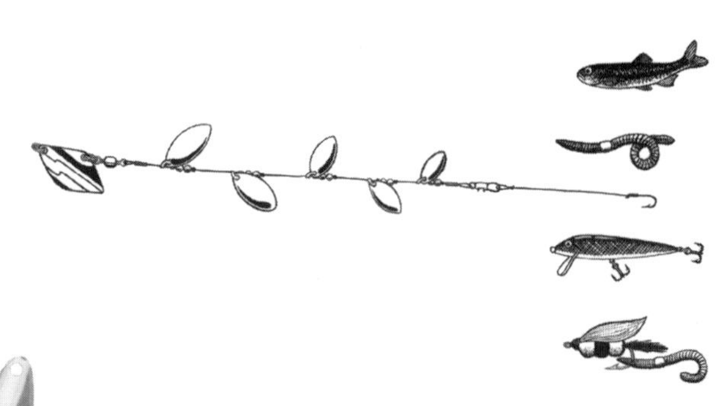

Tout pêcheur de truite grise a un chapelet, sinon plusieurs, dans son coffret. Ce leurre, conçu d'une combinaison de grosses cuillers tournantes précédées d'un gouvernail, est très populaire chez les pêcheurs à la traîne en profondeur. On le fait souvent suivre d'un bas-de-ligne appâté d'un ver ou d'un méné. Dans les zones où il y a restriction pour les vifs, le poisson-nageur prendra efficacement la place du poisson-appât.

En format réduit et muni d'un monobrin de nylon, le chapelet convient très bien pour taquiner la truite mouchetée. Les jours de canicule, laissez descendre votre attirail quelque peu, après l'avoir appâté d'un ver ou d'une mouche noyée.

Dans le grand lac Nominingue, on pêche le doré jaune à de grandes profondeurs avec un chapelet et un bas-de-ligne de 18 po (46 cm) muni d'un Rapala flottant n° 9 ou n° 11 argent. Plusieurs adeptes utilisent aussi les mouches que l'on trouve ordinairement au bout des *Spinner-Pack* et les appâtent d'un ver. Dans les lacs où il y a, en plus de la truite grise, de la truite arc-en-ciel et de la truite brune, cette technique permet une prospection efficace.

Le *spinnerbait*, un leurre méconnu

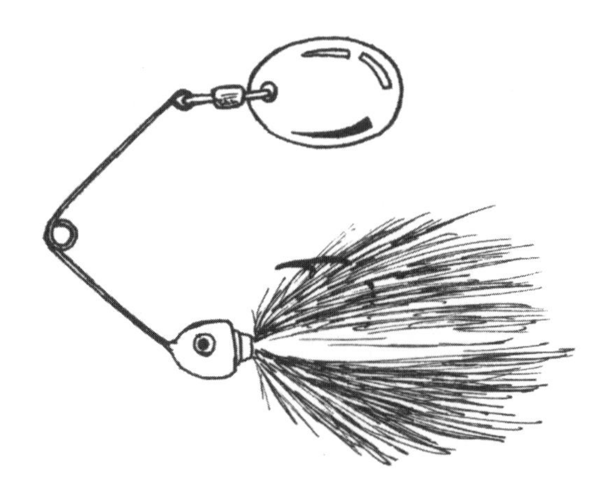

Très populaires aux États-Unis, les *spinnerbaits* sont utilisés seulement par quelques pêcheurs avertis au Québec. Il s'agit ni plus ni moins d'une combinaison de *jig* et de cuiller tournante, lesquels sont reliés par une tige pliée dans un angle de 90 degrés dont la forme rappelle celle d'une épingle à ressort.

À l'origine, ce leurre a surtout été conçu pour pêcher l'achigan à grande bouche car on peut l'utiliser dans la végétation aquatique dense. En tournant, sa palette sert non seulement de leurre mais aussi de pare-herbes.

Au Québec, certains pêcheurs l'utilisent avec succès pour capturer l'achigan à petite bouche, le brochet et le doré. Pour cette dernière espèce, la meilleure méthode consiste à laisser dériver le bateau en *jiggant*. Le *spinnerbait*, par son pouvoir d'attraction, mériterait d'être essayé davantage pour attraper nos truites.

Les *jigs*

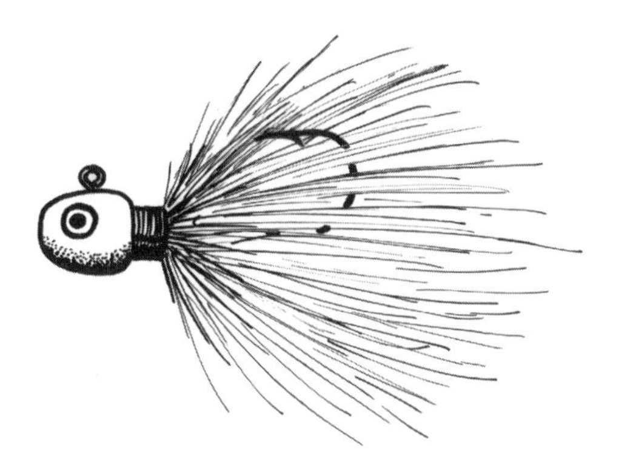

Jig CLASSIQUE

Ces leurres sont surtout populaires auprès des pêcheurs de doré, mais ils gagneraient à être utilisés pour d'autres espèces, comme l'achigan à petite bouche et la truite grise. Le *jig* est constitué à la base d'une tête de plomb de couleur et d'un hameçon simple. Il ne s'avère vraiment efficace que si le pêcheur le fait lui-même bouger. Il s'agit de le descendre sur le fond et d'imprimer à la canne des mouvements saccadés de haut en bas, pour le faire se dandiner.

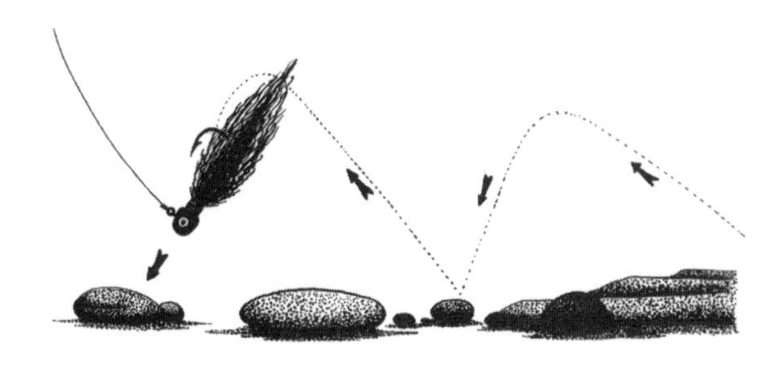

Avec un *jig*, l'application la plus appropriée en embarcation consiste à se laisser dériver au gré du vent ou du courant, au-dessus des secteurs propices. Pour la pêche à gué, ce leurre peut être lancé, dans les endroits à fort courant, si le fond n'est pas trop accrochant. Les *jigs* classiques, garnis ou non, donnent de meilleurs résultats avec un ver ou un méné.

Il existe aussi des *jigs* avec corps de plastique interchangeable. La queue molle et flexible s'agite comme un méné en détresse au moment de la récupération. Les Sassy Shad et les Vibrotail sont de ceux-là.

Jigs AVEC CORPS DE PLASTIQUE

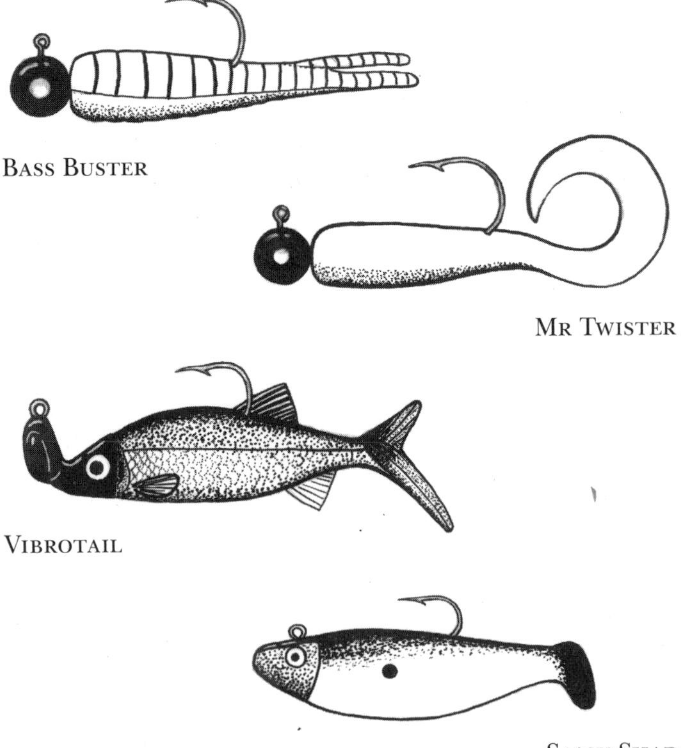

Les leurres pour la ouananiche

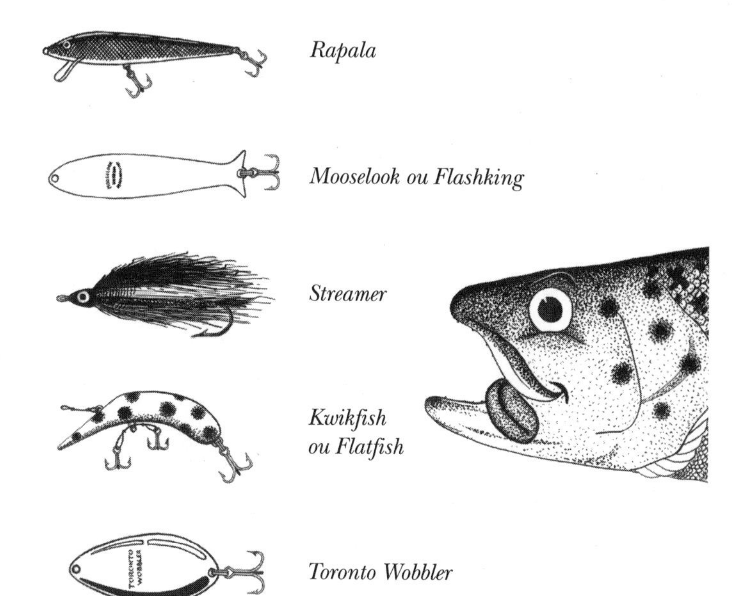

Si, au Lac-Saint-Jean, la plupart des pêcheurs connaissent les leurres pour la pêche à la ouananiche, dans les autres régions du Québec, rares sont ceux qui sont familiers avec cette espèce.

Les leurres de base suivants devraient mettre toutes les chances de votre côté : Rapala flottant n° 7, Mooselook ou Flashking de 1/8 oz (3,5 g), Streamer Memphrémagogsmelt n° 6, Kwikfish ou Flatfish de 2 1/2 po à 3 po (6,3 cm à 7,6 cm) et Toronto Wobbler n° 3. Ce dernier peut être utilisé avec un *streamer* monté sur bas-de-ligne de 12 po à 18 po (30 cm à 45 cm) de long.

Les vers de plastique

Pour avoir du succès avec les vers de plastique, il faut utiliser un montage constitué d'un plomb coulissant en forme de cône et d'un hameçon spécial. Celui-ci est recourbé de façon à retenir le ver en place. C'est le montage que les Américains appellent *Texas rig*.

Pêcher avec un ver de plastique est un art, car il faut le récupérer à vitesse moyenne tout en le laissant chuter de temps à autre vers le fond. Ce montage a l'avantage de pouvoir être utilisé dans la végétation aquatique dense sans accrocher. Il s'avère des plus efficaces pour attraper l'achigan.

Bob-it + mouche

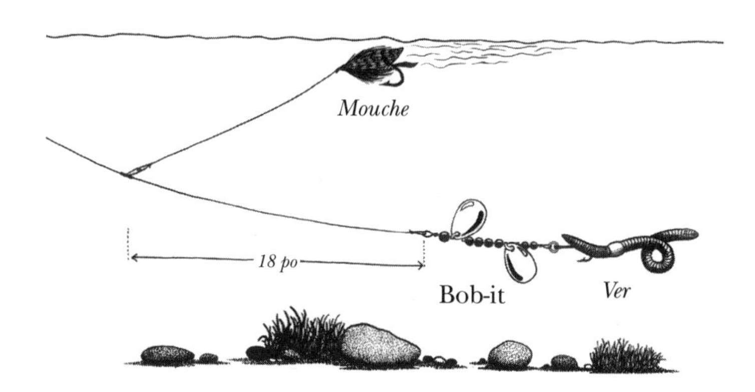

Si vous pêchez la truite au lancer avec une *Bob-it* (ou une autre cuiller tournante similaire) garnie d'un ver, mais que les morsures ne sont pas franches, essayez ce petit truc. Placez une mouche avec un bas-de-ligne à 18 po (46 cm) en avant de la *Bob-it*.

Récupérez de façon à faire sautiller légèrement la mouche sur la surface, ou en lui faisant faire un sillon mettant son déplacement en évidence. Cette présentation semble susciter l'instinct de compétition chez la truite mouchetée. De fait, si vous utilisez ce leurre au bon endroit et au bon moment, il s'ensuivra une euphorie telle que vous capturerez fréquemment deux truites sur la même ligne !

Poisson-nageur alphabet et *streamer*

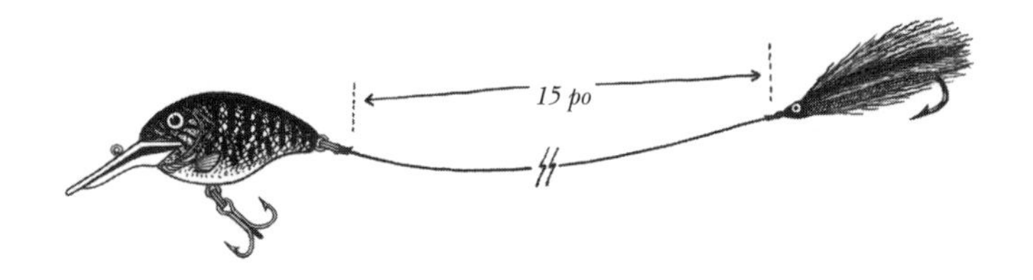

Pour ce tandem, il suffit d'enlever l'hameçon triple à l'arrière du poisson-nageur et, au bout d'un bas-de-ligne de 15 po (38 cm) de long, d'attacher un gros *streamer*, par exemple un Mickey Finn.

Ce montage, populaire auprès des pêcheurs américains d'achigan à grande bouche, est aussi excellent pour l'achigan à petite bouche. Il a également fait ses preuves avec le grand brochet. Pour la marigane noire et la perchaude, il suffit de combiner un Mini Fat Rap et une petite mouche noyée.

Poisson-nageur plus

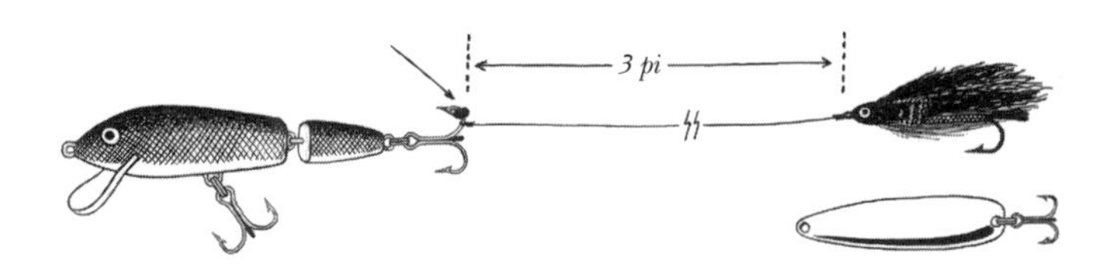

Cette combinaison convient surtout pour la pêche à la traîne, car lancer un tel attirail résulterait en un emmêlement presque certain. Le montage se compose d'un poisson-nageur articulé flottant, avec un bas-de-ligne sur lequel on attache un *streamer* ou une cuiller ondulante légère, telle une Sutton.

Pour éliminer le risque de coupure du fil sur l'ardillon de l'hameçon, utilisez une petite fixation de nylon spécialement conçue à cet effet. On peut aussi mettre un petit morceau de caoutchouc ou de liège.

Prenez un bas-de-ligne d'environ 3 pi (0,9 m). Si on recherche une efficacité maximale, la vitesse de traîne doit être lente.

Ce montage est particulièrement efficace pour les truites en début de saison et en eau calme. En lac, il s'avère aussi très productif dans la pêche à l'achigan à petite bouche et celle au brochet maillé.

Les *streamers*, des mouches efficaces

Imitant un vairon, les *streamers* sont des mouches efficaces auprès de plusieurs espèces de poissons. Parmi les plus connus, mentionnons les Memphrémagogsmelt (imitation d'éperlan), les Mickey Finn et les Gray Ghost.

On les utilise au lancer avec une canne à moucher, mais aussi à la traîne, soit avec le même équipement ou au lancer léger. Au début de la saison de pêche, les *streamers* valent leur pesant d'or pour pêcher toutes les espèces de truite. Un peu plus tard, ils s'attireront les foudres de l'achigan et même du brochet. Pour ce dernier toutefois, ils doivent être beaucoup plus gros.

On récupère généralement le *streamer* en surface. Certains pêcheurs lui impriment alors des secousses par gestes saccadés pour simuler la démarche d'un vairon vulnérable. D'autres pêcheurs mettent à l'avant, sur le fil, quelques petits plombs fendus pour faire caler légèrement le *streamer*. Un plomb-cloche peut même être utilisé dans les rapides, son poids étant choisi selon la force du courant.

On peut également se servir d'un *streamer* avec un marcheur-de-fond, une présentation irrésistible pour le doré.

La Muddler, mouche à tout faire

Lorsque utilisée au fond, la Muddler est censée imiter un chabot tacheté. En surface, elle ressemble à un papillon ou à un autre insecte terrestre quelconque.

Peu importe ce qu'elle doit imiter, la Muddler est efficace durant toute la saison, les truites comme les achigans s'y laissant facilement prendre. Voilà pourquoi tout pêcheur se doit d'en posséder un petit assortiment, de différentes tailles et de différentes couleurs, dans sa boîte à mouches.

Le choix d'une canne à lancer léger

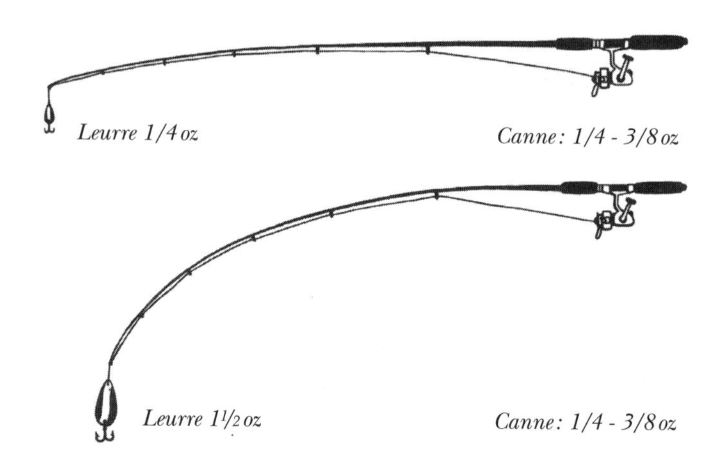

Il ne faut pas se leurrer, la canne à tout faire pour le lancer léger (comme pour les autres catégories de cannes) n'a pas encore été inventée. Si vous ne pratiquez qu'un type de pêche en particulier, vous pouvez très bien vous tirer d'affaire avec une seule canne, mais si vous pêchez différentes espèces de poissons dans des conditions différentes, il est préférable d'utiliser une canne appropriée à chaque usage.

Ainsi, le pêcheur de truite de ruisseau sera habituellement plus à son aise avec une canne courte, légère et peu encombrante. Par contre, le pêcheur à gué dans de gros cours d'eau à fort courant devrait plutôt employer une canne longue lui permettant de lancer plus loin et de contourner les obstacles avec plus de facilité au moment de la récupération.

L'action de la canne doit aussi être prise en considération. Dans le premier cas, une action lente et même ultralente convient bien aux petits leurres de moins de 1/8 oz (3,5 g). Dans le deuxième cas, une canne à action très rapide est préférable, à cause du poids des leurres utilisés et, surtout, de la force du courant.

En embarcation, optez pour une canne intermédiaire de 6 pi à 7 1/2 pi (1,8 m à 2,3 m) à action moyenne ou rapide. Si vous faites surtout de la traîne, choisissez-la plus courte et, pour le lancer et la pêche au coup, plus longue.

Le tableau ci-contre vous donne une idée des différentes composantes pour un ensemble bien équilibré. Toutefois, cela peut varier d'une compagnie à l'autre.

Les cannes à lancer léger

Action de la canne	**Monobrin recommandé**	**Poids du leurre**	**Longueur de la canne**
Ultralente	2 - 4 lb	1/16 - 1/8 oz (1,8 - 3,5 g)	4 1/2 - 6 1/2 pi (1,3 - 2 m)
Lente	4 - 8 lb	1/8 oz (3,5 g)	6 - 6 1/2 pi (1,8 - 2 m)
Moyenne	6 - 10 lb	1/4 - 3/8 oz (7 - 10,6 g)	7 pi (2,1 m)
Rapide	10 - 15 lb	1/2 -1 1/2 oz (14,2 - 42,5 g)	7 1/2 pi (ou plus) (2,3 m)
Extrarapide	12 - 20 lb	2 - 4 oz (56,7 - 113,4 g)	8 pi (ou plus) (2,4 m)

Le lancer lourd, un moulinet polyvalent

FIGURE A

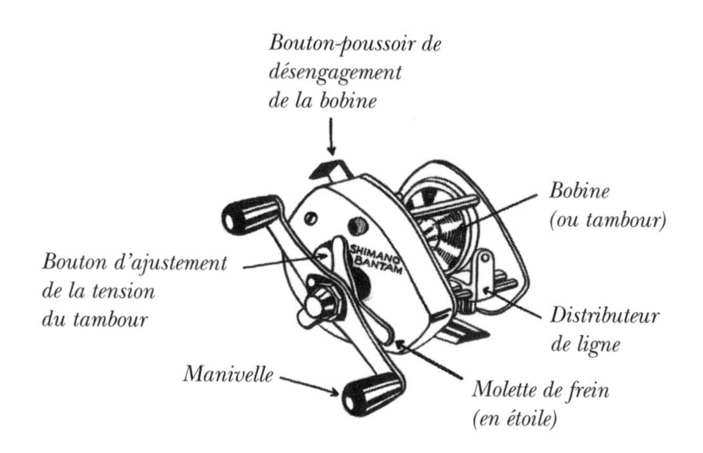

Mis de côté depuis l'apparition du lancer léger, le moulinet à lancer lourd a bien changé. Il s'est tellement perfectionné qu'il peut combler presque toutes nos attentes. En effet, on peut maintenant l'utiliser aussi bien au lancer et au coup qu'à la traîne.

Les moulinets à lancer lourd d'aujourd'hui permettent de lancer des leurres aussi légers que 1/16 oz (1,8 g). De plus, la précision est plus facile à atteindre car on exerce un contrôle par le pouce à l'occasion du lancer.

À la traîne, le monobrin se vrille beaucoup moins qu'avec un lancer léger. Vous pouvez utiliser du monobrin à élongation réduite. Il permet une grande force de ferrage, mais, ayant plus de mémoire (moins souple), il serait trop mêlant sur un lancer léger.

À la pêche au coup, l'avantage est aussi évident. Pour laisser un poisson s'en aller librement avec l'appât, vous devez relever l'anse d'un moulinet à lancer léger. Avec un moulinet à lancer lourd, vous n'avez qu'à ajuster la tension du tambour au préalable et à libérer le frein. De cette façon, le poisson ne ressent pas de résistance pendant les premières morsures.

FIGURE B

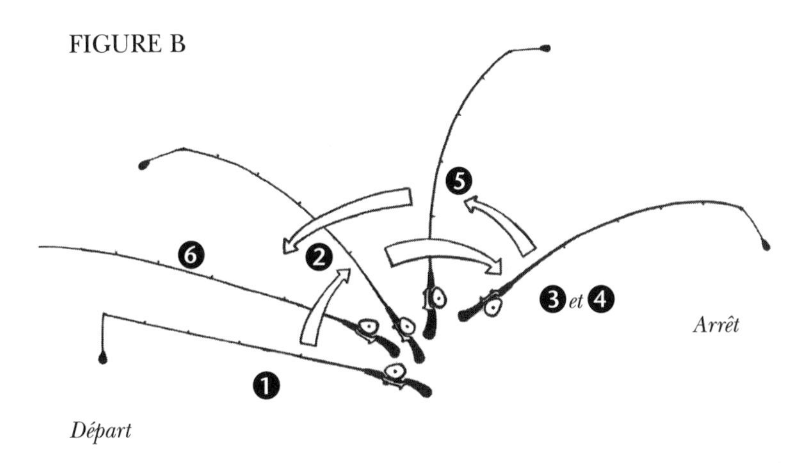

Mode d'emploi

1- Pesez sur le bouton-poussoir de désengagement de la bobine et retenez-le avec le pouce.
2 à 5- Retenez la bobine avec le pouce durant le mouvement du lancer.
6- Laissez la ligne se libérer tout en exerçant une légère pression avec le pouce (pour éviter l'emmêlement et contrôler le lancer).

Quelle soie choisir pour votre canne à mouche ?

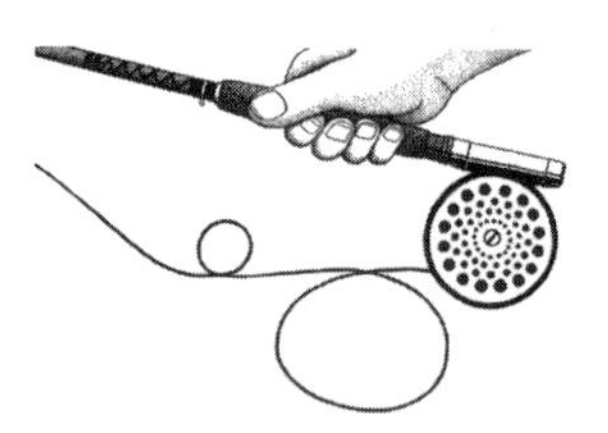

Pour faire un bon choix de soie, il faut d'abord comprendre les propriétés qui les distinguent, entre autres la forme, le degré de flottabilité et le poids.

Parlons d'abord de la forme. La régulière (*Level-L*) s'adresse surtout aux débutants. Celle à double fuseau (*Double Taper – DT*) permet une présentation plus délicate de la mouche. Enfin, celle avec poids à l'avant (*Weight Forward – WF*) permet de lancer à plus grande distance car elle résiste mieux contre le vent.

Quant au degré de flottabilité, il est déterminé par les lettres suivantes : *F* (*floating*) pour flottante, *S* (*sinking*) pour calante, et *ST* (*sinking tip*) pour soie à bout calant.

Pour ce qui est du poids, sur la plupart des cannes de qualité on retrouve un numéro désignant la pesanteur de la soie à utiliser. Ce détail importe si vous voulez que votre équipement soit bien équilibré.

Les sonars de pêche

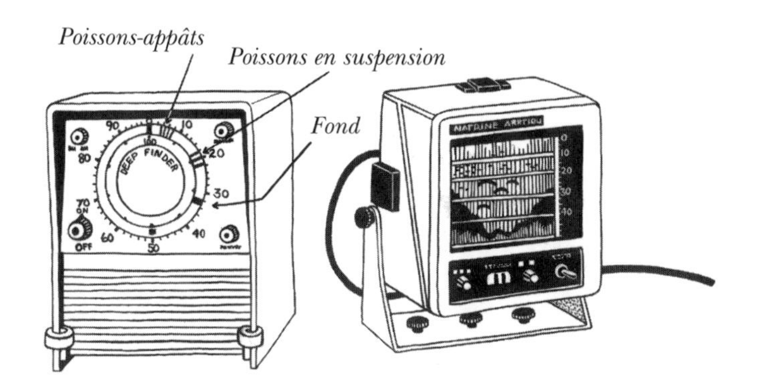

Un sonar est un détecteur électronique servant à indiquer la profondeur de l'eau, la nature du fond et la présence des obstacles. Il y parvient grâce à une sonde qui émet des ondes vers le fond, lesquelles rebondissent vers la surface et sont retransmises à l'appareil.

Il en existe des modèles à cadran lumineux, à rapport imprimé (graphique) et à écran cathodique. Ces deux derniers servent en plus à détecter les poissons en les reproduisant sur un écran par des traits. Ces traits adoptent la forme d'un croissant si le poisson est immobile et celle d'un trait horizontal s'il est en mouvement. Le modèle à cadran lumineux peut détecter les poissons par des traits illuminés sur le cadran, mais on devrait plutôt s'en servir pour localiser le type de fond, la profondeur et d'autres indices propices liés au poisson recherché.

Les thermomètres de pêche

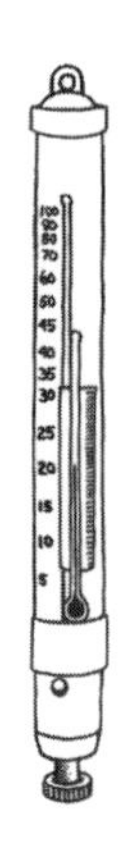

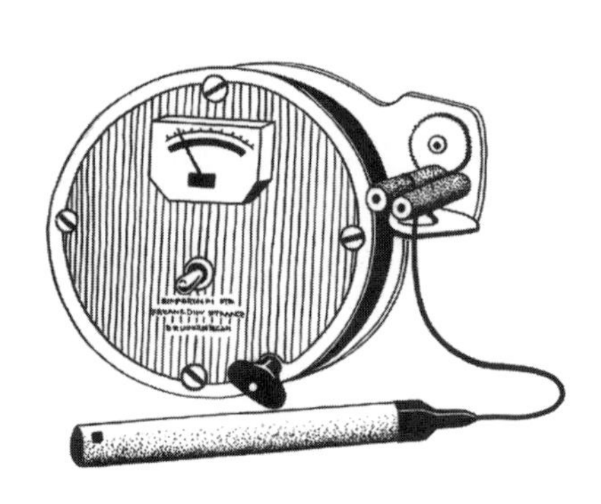

Il est bon de connaître les températures préférentielles des différentes espèces de poissons. On les vérifie à l'aide d'un thermomètre. Comme l'eau refroidit en profondeur, un thermomètre ordinaire n'est pas adéquat car il ne donnera qu'une lecture en surface. Pour la pêche, il existe deux types de thermomètres : électronique et à immersion.

L'appareil électronique, à lecture digitale, est composé d'un fil conducteur doté d'une sonde et monté sur un moulinet. Il donne instantanément la température de l'eau à la profondeur désirée. Certains modèles indiquent aussi le degré de pénétration de la lumière dans l'eau et même l'oxygène.

Le thermomètre à immersion se distingue par son tube gradué muni à sa base d'une valve permettant de le faire pénétrer dans l'eau à la profondeur désirée. Sa lecture est beaucoup moins rapide puisqu'on doit le sortir de l'eau chaque fois, mais il est beaucoup moins coûteux que l'appareil électronique.

Pour pêcher en profondeur : le *downrigger*

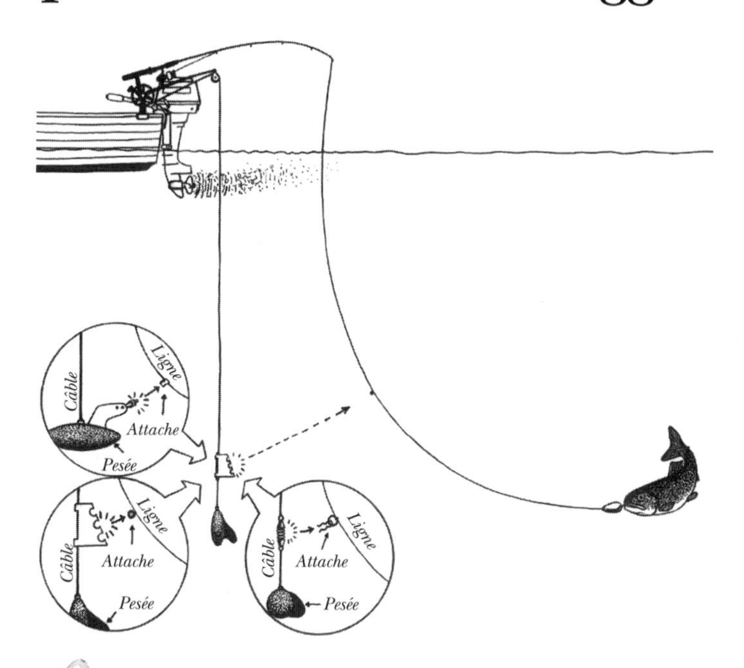

Fort populaire sur les Grands Lacs pour la pêche aux saumons chinook et coho, le *downrigger* est un attirail conçu spécialement pour trôler en profondeur avec votre équipement léger. Ce gréement est composé de six parties principales : le support, la plaque de montage, la poulie, le manche, la pesée et le mécanisme de déclenchement.

L'idéal est de s'en servir conjointement avec un thermomètre pour savoir à quelle profondeur pêcher et avec un sonar pour localiser les hauts-fonds et ne pas accrocher la pesée. Au pis-aller, si vous n'avez pas de thermomètre, essayez différentes profondeurs jusqu'à ce que vous trouviez la bonne. À défaut d'un détecteur de fond, vous pouvez toujours vous servir d'une

carte à courbes bathymétriques, mais vous risquez d'accrocher la pesée à l'occasion.

Voici comment vous installer. Tout en vous déplaçant avec votre embarcation, laissez aller de 10 pi à 50 pi (3 m à 15 m) de fil selon le cas. Fixez ensuite votre ligne au déclencheur, préalablement réglé à la tension d'usage. Si vous pêchez la truite grise, faites passer le fil directement dans un anneau de plastique relié au déclencheur, ce qui vous permettra de donner des coups au leurre pour le rendre plus attrayant.

Placez la canne dans le porte-canne et libérez le frein de votre moulinet. Vous descendrez ensuite la pesée à la profondeur désirée. Il ne vous reste qu'à réajuster le frein de votre moulinet en conséquence et à récupérer un peu de ligne, de façon à bien courber la canne.

Dès qu'un poisson mord, le déclencheur libère le fil et la canne se détend instantanément. Sans perdre de temps, vous devez tout de suite ferrer. C'est alors que l'action commence...

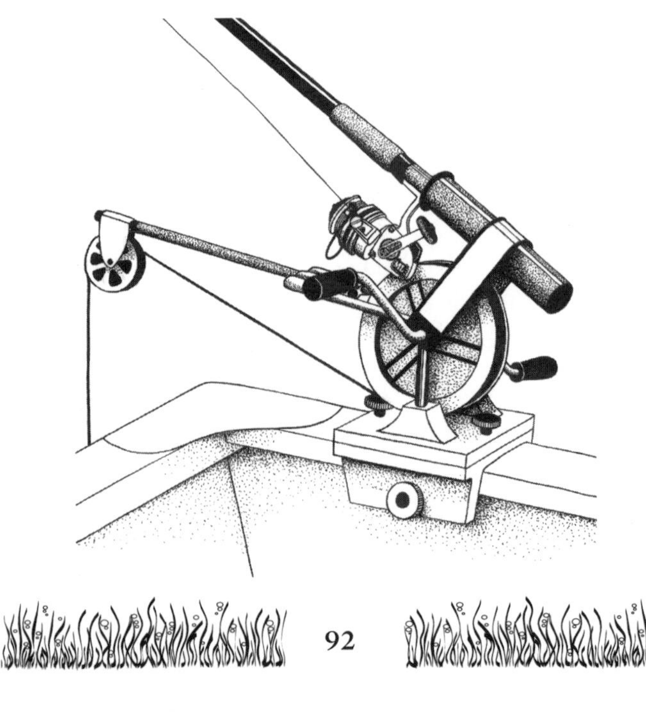

Les attracteurs

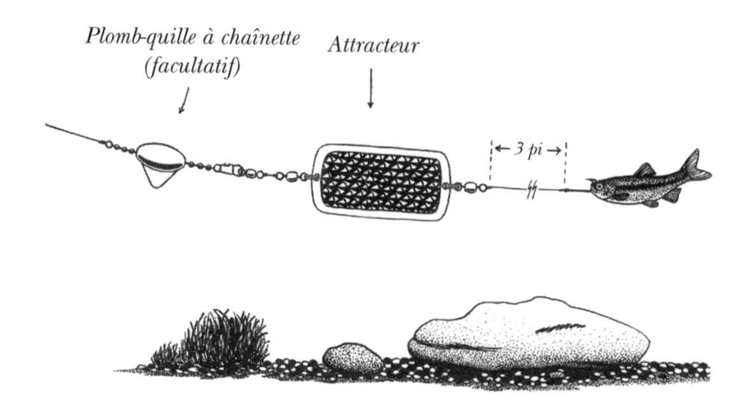

Si vous pêchez avec un downrigger ou avec une ligne métallique et que les effets se font trop attendre, installez un attracteur devant le leurre ou l'appât. Celui-ci est habituellement de couleur vive. Plusieurs modèles sont revêtus d'une espèce de papier plastique brillant dont les reflets sont perçus de loin par les poissons, même dans les grandes profondeurs.

Le *pink lady*, un *downrigger* bon marché

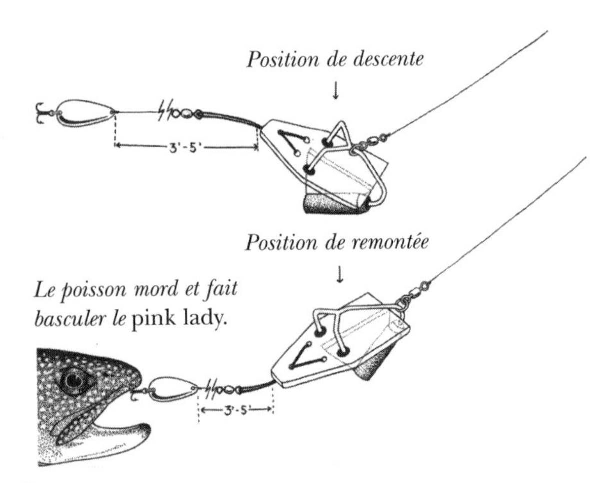

Le poisson mord et fait basculer le pink lady.

Plus petit qu'un paquet de cigarettes, le *pink lady* permet de pêcher à la traîne en profondeur avec son attirail à lancer léger. Il permet même de faire progresser le leurre à une profondeur contrôlée.

Fait de plastique, il est conçu d'une plaquette plus ou moins rectangulaire sur laquelle est fixée une tige d'acier en forme de Y. Sous la plaquette, se trouve un plomb de forme allongée, revêtu de plastique. À l'arrière de la plaquette est attaché un bas-de-ligne avec un émerillon servant à agrafer le leurre.

On fixe le *pink lady* à la ligne par l'émerillon glissant dans la tige en Y. Au moment de sa mise à l'eau, il prend un angle d'à peu près 45 degrés pour se diriger vers le fond, la tête en bas.

Lorsqu'un poisson mord, l'engin bascule pour changer de position, de sorte que la palette n'exerce plus de pression à l'étape de la récupération.

Pour vous donner une idée de la profondeur à laquelle progresse un *pink lady* par rapport au nombre de pieds de ligne, consultez le tableau sur l'emballage du leurre. À titre d'exemple, avec un monobrin de 10 lb de résistance, pour atteindre 30 pi de profondeur, il faut sortir 100 pi de ligne.

Au fait, il existe trois formats sur le marché.

Le marcheur de fond

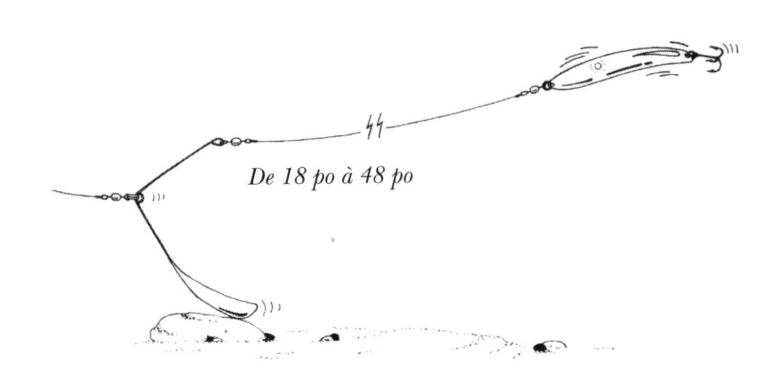

Si un petit accessoire est encore méconnu des pêcheurs, c'est bien le marcheur de fond, pourtant fort efficace à la traîne ou à la dérive lente contrôlée au moteur. Sa forme fait un peu penser à une énorme épingle à ressort dont une extrémité serait plombée.

Le marcheur de fond est en fait un plomb de forme spéciale dans lequel est insérée une tige métallique repliée. La ligne est reliée à l'anneau de la pointe du V, alors que le leurre (ou l'appât) est attaché à l'anneau de la tige supérieure avec un bas-de-ligne. Pendant que le plomb marche sur le fond, le leurre progresse à quelques pouces au-dessus, bien visible et à portée des poissons.

Fabriquez vos propres marcheurs de fond

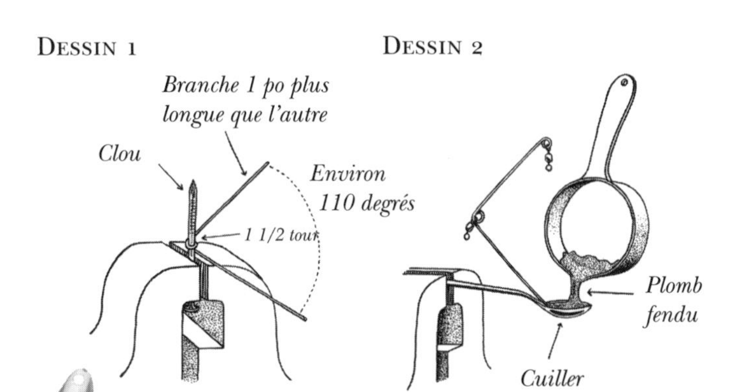

Comme les marcheurs-de-fond ne sont pas toujours disponibles en magasin, du moins dans le format désiré, voici comment les fabriquer.

Coupez tout d'abord une broche rigide de 14 po (36 cm) de long avec des pinces coupantes. Pour former un anneau, faites faire un tour et demi à la broche autour d'un clou placé dans un étau. Les tiges doivent former un V à un angle d'environ 110 degrés et l'une d'elles doit être plus courte d'au moins 1 po (2,5 cm).

Formez un anneau à l'extrémité de la tige la plus courte après avoir pris soin d'y insérer un émerillon. Soudez ensuite le joint de cet anneau. Faites chauffer du plomb dans un vieux chaudron, puis placez une cuiller creuse bien au niveau, en faisant tenir la poignée dans un étau. Tenez l'extrémité de la tige la plus longue sur le bord de la cuiller et versez le plomb fondu. Après quelques minutes, plongez l'ensemble dans l'eau pour le refroidir. Enfin, enlevez les bavures avec un papier abrasif à métal, puis recouvrez le plomb avec du noir mat en aérosol.

Le plomb coulissant

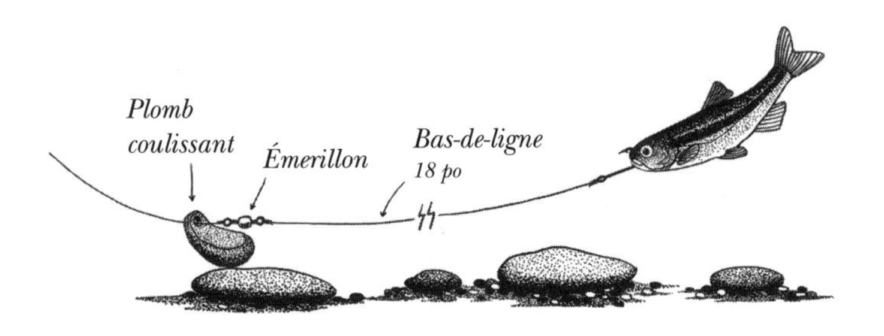

Pour la pêche au vif, le plomb coulissant permet de tromper les poissons les plus hésitants à saisir l'appât. Optez pour celui à forme recourbée car il se déplace mieux sur le fond.

Le montage consiste d'abord en un émerillon qui retient un bas-de-ligne de 18 po (46 cm) et qui empêche du même coup le plomb de glisser vers le bas.

Dès que l'on sent une touche, il faut laisser glisser la ligne dans le plomb coulissant en libérant le frein de façon à ne pas offrir de résistance au poisson en train de prendre l'appât. Quand le fil a fini de se dévider, c'est le temps de ferrer.

La grosseur des hameçons

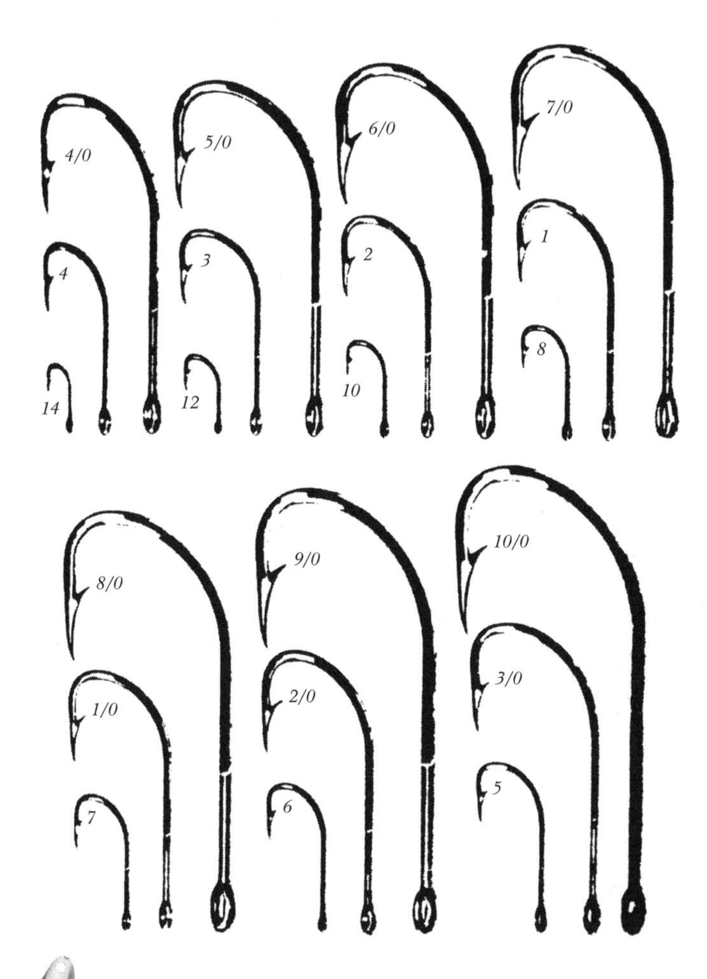

Cette planche illustre en grandeur réelle la grosseur des hameçons. Un coup d'œil sur ce tableau devrait vous aider dans votre choix.

L'émerillon à agrafe : une petite pièce de grande importance

Émerillon à agrafe simple

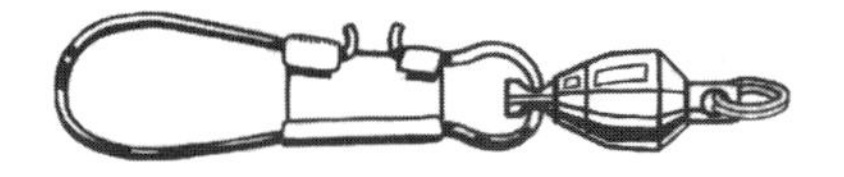

Émerillon à billes avec agrafe à barrure

Peu de pêcheurs accordent de l'importance aux émerillons à agrafe. Pourtant, ces attaches font souvent toute la différence entre une excursion ratée ou réussie. Particulièrement pour les belles pièces, l'émerillon avec agrafe à barrure est recommandé car celui à agrafe simple se disloque fréquemment sous une forte pression.

L'émerillon avec roulement à billes vrille moins le fil. Toutefois, il est souvent brillant. Optez plutôt pour le noir, plus discret. N'en utilisez pas un de grosseur démesurée car il nuirait à l'action du leurre, en plus de susciter la méfiance des poissons les plus futés.

trucs divers

Chapitre 4

Système pour pêcheurs sans vivier

Tous ne sont pas équipés d'un bateau de pêche avec vivier pour garder leurs prises vivantes. Si vous n'avez pas l'intention de vous construire un vivier portatif avec une glacière et un système d'aération, il y a une autre façon de procéder pour conserver vos prises vivantes le plus longtemps possible.

La cordelette à poissons munie d'agrafes en plastique avec barrure peut s'avérer très utile. Utilisez-la pleine longueur pour que vos prises puissent nager librement et surtout hors de portée

de l'hélice du moteur ! Quand vous le pouvez, attachez-les par les deux lèvres pour éviter qu'elles ne se noient. Avec l'attache enfilée par les branchies, les poissons peuvent résister quelques heures (un spécimen par attache).

Si l'un d'eux meurt, il est préférable de le décrocher, de le fileter ou de l'éviscérer pour le mettre sur la glace afin de conserver la fermeté de sa chair. Un poisson entier peut être conservé temporairement dans une poche de jute humide. Pour maintenir vos poissons en vie le plus longtemps possible et ne pas abîmer leur chair, il ne faut les traîner qu'à vitesse lente.

Un gant de caoutchouc avec surface antidérapante permet d'empoigner le poisson avec délicatesse et fermeté. Avec une pince à long bec, c'est ensuite un jeu d'enfant de décrocher la prise.

Bien entendu, les poissons attachés à la cordelette ne doivent pas être remis à l'eau, leurs chances de survie étant considérablement réduites.

Petit lac, grosses truites

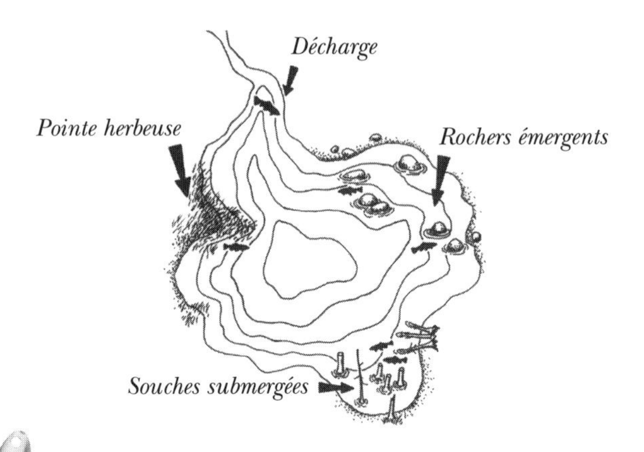

Les lacs de tête, c'est-à-dire ceux se trouvant à l'extrémité d'une chaîne de lacs, en amont, renferment souvent, malgré leur dimension habituellement réduite, de grosses truites mouchetées. Ces plans d'eau comportent peu de sites de frai. Le fait que les truites frayent et grandissent directement dans un espace restreint amène une forte compétition pour la nourriture. Dans un tel contexte, peu d'alevins réussissent à atteindre la maturité. Les eaux ne sont donc pas peuplées de beaucoup de truites mais celles qui s'y trouvent sont grosses.

On pêche dans un lac de tête abritant de la truite sensiblement de la même façon que dans un lac à brochet. Il faut bien couvrir les pointes herbeuses, les souches submergées et le pourtour des rochers émergents.

Il vaut aussi la peine d'explorer la décharge du lac. Et n'oubliez pas : les grosses truites étant généralement peu nombreuses, la capture d'une seule durant une excursion est déjà un exploit et une grande récompense.

Le doré en suspension

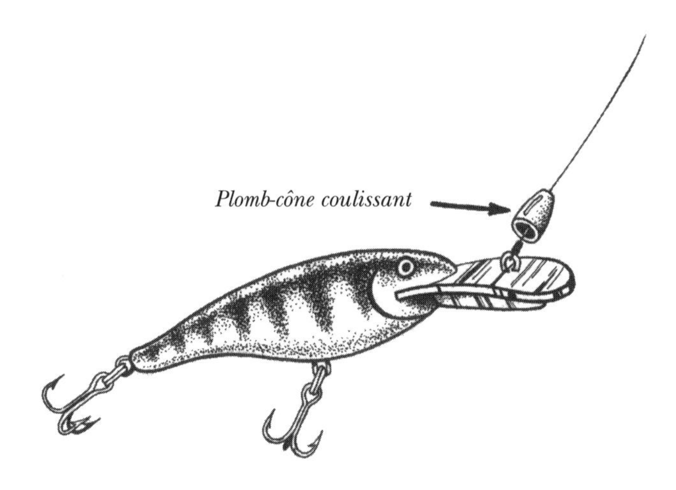

Dans certains plans d'eau, le doré se tient souvent en suspension (entre la surface et le fond). Cette espèce fuyant la lumière, les eaux très claires le forcent à se réfugier plus en profondeur sans nécessairement se rendre au fond pour se soustraire aux rayons du soleil. À la faveur de la pénombre, le doré vient souvent se nourrir sur les hauts-fonds, pour se retirer pendant le jour et se tenir en suspension à plus grande profondeur.

Pour atteindre ces dorés en suspension, utilisez un poisson-nageur à grande plongée (tels le Shad Rap de Rapala et le Walley Diver de Cordell). Afin de permettre au leurre de descendre à la profondeur voulue, insérez sur la ligne un plomb coulissant, en forme de balle de carabine, semblable à celui dont on se sert avec des vers de plastique. Cela aura pour effet de faire piquer le leurre du nez, sans en altérer l'action. Une vitesse plutôt lente optimisera les résultats.

Le *flipping*

Le *flipping* est une méthode de pêche à vue, c'est-à-dire qu'on lance alors le leurre vers le poisson ou à un endroit précis, tel un trou au cœur d'herbes denses. Il s'agit d'une technique de précision mais aussi de patience et de persévérance.

Cette méthode requiert une canne longue et rigide conçue spécialement pour cet usage afin d'assurer un bon ferrage et un parfait contrôle du lancer. On doit utiliser un moulinet à lancer lourd muni d'un bouton de contrôle permettant de sortir le fil manuellement à la longueur désirée. Comme on ferre le poisson à courte distance, un fil d'au moins 20 lb de résistance est recommandé. Les espèces pêchées ? L'achigan, bien sûr ! Celui à petite bouche comme celui à grande bouche.

La méthode du *flipping* consiste à balancer le leurre et à le déposer délicatement plutôt qu'à le propulser à l'aide d'un moulinet :

- Le pêcheur balance le leurre en maintenant la canne haute et en retenant un surplus de ligne dans la main gauche ;
- À la suite du mouvement de balancement vers l'avant, il libère la ligne de sa main gauche et laisse tomber le leurre à l'endroit choisi.

La barbote : pour l'initiation d'un jeune

La pêche à la barbote se prête bien à l'initiation d'un jeune. Comme équipement de base, une canne rigide à lancer léger ou à lancer lourd convient. Il suffit simplement d'attacher un plomb-cloche à 12 po (30 cm) au-dessus d'un hameçon. De cette manière, il est facile d'effectuer de longs lancers et de déposer vos offrandes sur le fond, là où les barbotes se nourrissent.

C'est la méthode la plus populaire chez les pêcheurs riverains au printemps. Quant aux appâts à utiliser, les barbotes ne sont pas très difficiles. Lombrics, petits ménés (là où les règlements le permettent) et morceaux de foie semblent constituer les menus préférés.

Découvrir un lac à grosses mouchetées en 13 étapes :

1- Choisir une région et un territoire (ZEC, pourvoirie ou zone libre) ;

2- Observer une carte topographique pour relever les chaînes de lacs ;

3- Situer le lac de tête en fonction de son altitude (généralement plus élevée) par rapport aux autres lacs du même réseau ;

4- S'assurer aussi qu'il s'agit d'un lac de tête par l'absence de recharge ;

5- Éliminer tout lac de tête situé trop près de la route ;

6- Choisir les lacs de tête en fonction d'un accès plus facile par les autres lacs via un portage en canot ;

7- S'y rendre en début de saison seulement (vers la deuxième semaine de juin environ, la période idéale pouvant varier selon l'altitude et la latitude) ;

8- Pêcher à la traîne d'un lac à l'autre mais seulement en commençant au deuxième ou au troisième lac, si le temps le permet ;

9- Utiliser une cuiller ondulante argent West River ou Toronto Wobbler munie d'un bas-de-ligne avec un ver ou un poisson-nageur de type Rapala. D'autres tandems peuvent aussi être efficaces, selon vos goûts et votre expérience ;

10- Prendre le temps de parcourir le territoire et choisir un trajet réaliste à couvrir durant la journée (aller-retour) ;

11- Ne pas céder au découragement si ça ne mord pas. Le succès n'est pas toujours instantané. Après avoir pêché suffisamment mais sans succès, faire une tentative sur un autre lac de tête le lendemain ;

12- Si on découvre la perle rare, être discret afin de préserver son lac. Un tel plan d'eau peut rarement supporter d'autres visiteurs sans que cela détériore la qualité de pêche ;

13- Se munir d'un bon havresac (avec armature de métal) pour transporter son équipement et ramener les truites pêchées. La distance à parcourir étant souvent grande, prévoir prendre le chemin du retour les mains libres et sans se crever.

Nymphe et truite mouchetée

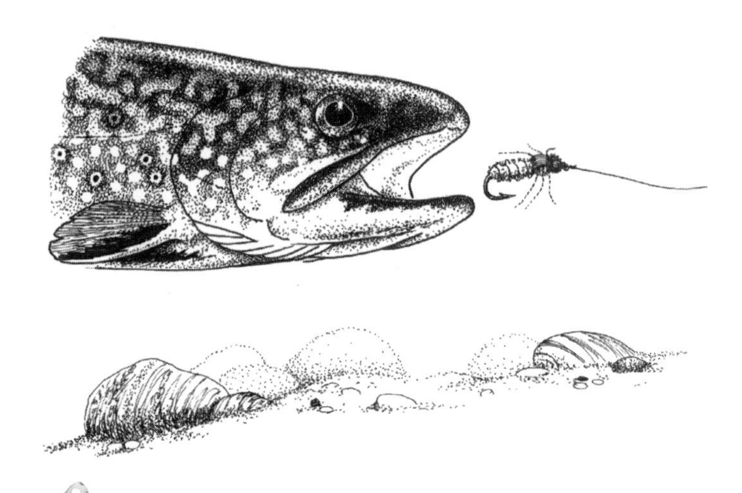

La truite mouchetée se laisse prendre aisément par une grosse nymphe, traînée sur le fond avec une soie calante. Laissez dériver l'embarcation au gré du vent ou déplacez-la doucement avec un aviron ou avec un moteur électrique à très basse vitesse.

Une nymphe de libellule montée sur un hameçon n° 6 ou n° 8 s'avère souvent un excellent choix. Un bas-de-ligne de 6 pi (1,8 m) à 7 1/2 pi (2,3 m) est recommandé. On l'attache à une soie conçue pour la pêche en profondeur.

Il faut traîner très lentement afin d'éviter que la soie ne remonte vers la surface. Comme il peut être difficile de piquer la truite de cette façon, les pointes d'hameçon doivent être très effilées. Cette méthode permet de capturer des truites de belle taille même quand d'autres méthodes n'ont pas donné de résultat.

Le fer à cheval

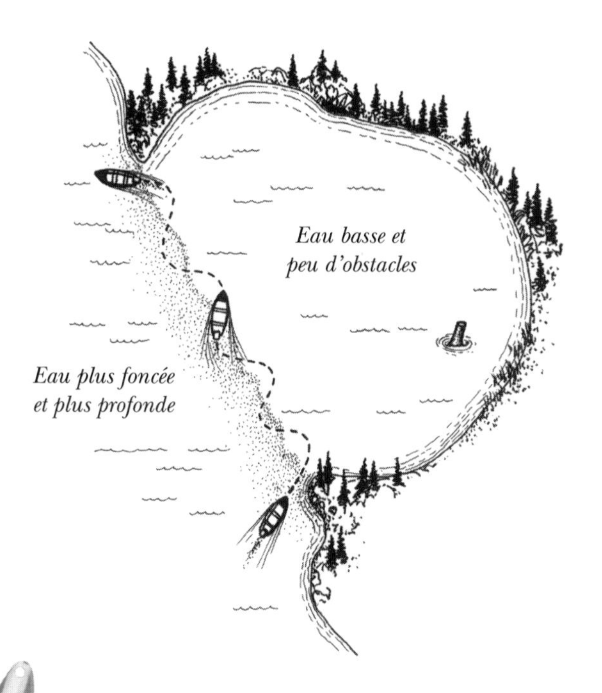

Imaginez une baie en forme de demi-cercle, aux extrémités formées de deux pointes. Faites un petit trait imaginaire au bout de chaque extrémité et vous obtiendrez un fer à cheval.

Si la baie est peu profonde et comporte peu d'obstacles, n'y pénétrez pas inutilement. Progressez plutôt lentement à l'entrée pour détecter un changement de dénivellation.

Dès que vous l'aurez repéré, servez-vous-en comme guide et suivez-le légèrement en zigzag entre les deux pointes. Cette méthode s'avère efficace pour plusieurs espèces de poissons, dont l'achigan à petite bouche, la ouananiche et la truite grise.

Comment pêcher dans un lac inconnu

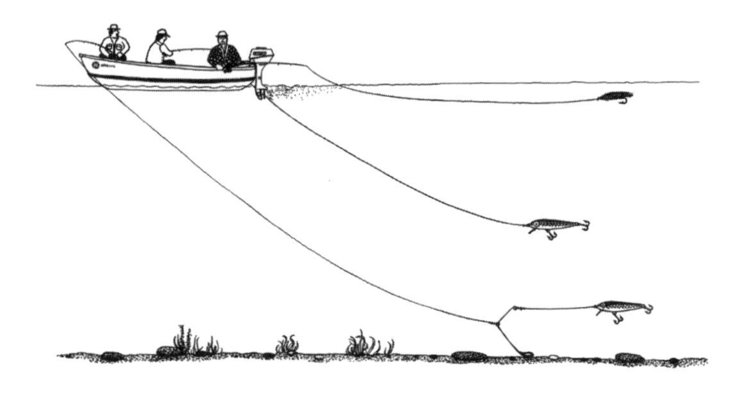

Quand vous vous retrouvez sur un plan d'eau inconnu, voici un bon moyen de l'explorer. Prospectez les pourtours du lac à la traîne à différentes profondeurs. Si vous êtes trois, utilisez une ligne en surface, une autre entre deux eaux et une troisième près du fond.

Pour la première, utilisez un *streamer*, une ondulante légère ou un poisson-nageur de surface. Pour la deuxième, vous pouvez vous servir d'un poisson-nageur calant, d'une cuiller tournante à course moyenne ou d'une ondulante lourde. Enfin, pour la troisième, optez pour un leurre de surface précédé d'un marcheur de fond ou d'un plomb fixé par un bas-de-ligne à un émerillon triple sur la ligne principale.

La traîne à trois partenaires

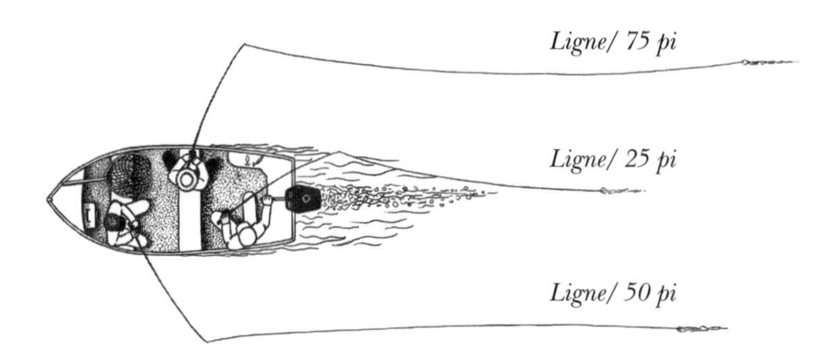

Lorsque vous êtes trois pour pêcher à la traîne à la même profondeur, tendez différentes longueurs de ligne pour éviter tout emmêlement. Installez une ligne au centre, derrière le sillon du moteur, à quelque 25 pi ou 30 pi (8 m ou 9 m), et les autres, respectivement à environ 50 pi et 75 pi (15 m et 23 m).

Le truc de la ligne courte, comme on l'appelle au Lac-Saint-Jean, a fait ses preuves pour la ouananiche, mais vaut la peine d'être essayé pour d'autres espèces.

De plus, le fait de pêcher à des distances différentes permet parfois d'attirer le poisson avec une première ligne et de le prendre avec une autre. Pêchez d'abord avec trois leurres différents pour enfin choisir celui qui donne les meilleurs résultats.

La couenne de porc

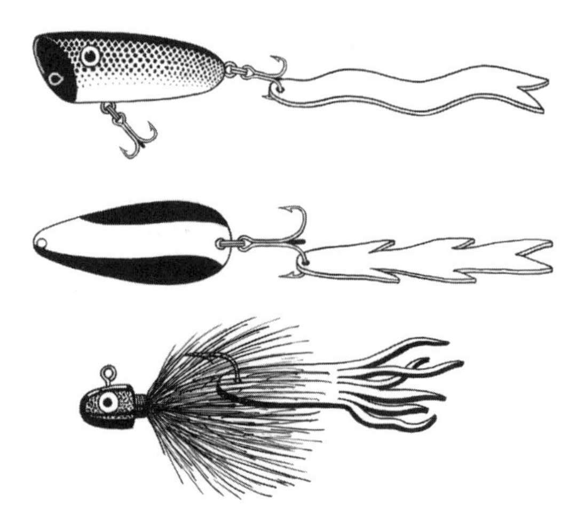

Il y a plusieurs années, certains adeptes du *skittering* se servaient d'une couenne de porc, la ramenant à la surface avec une grande canne de bambou. Cet appât artisanal a ensuite été commercialisé chez nos voisins du Sud, offert en toutes sortes de formes et de couleurs.

Pourquoi ne pas s'en inspirer ? Ajoutez un morceau de couenne de porc, découpé au gré de votre fantaisie, au bout de votre leurre. Son mouvement sinueux pourrait bien provoquer les gueules fines jusqu'alors indifférentes à vos offrandes.

Truite mouchetée et poisson-nageur

Si les petites truites mouchetées se nourrissent surtout d'insectes, les plus grosses, elles, n'hésitent pas à avaler de petits poissons et même des truites plus petites qu'elles.

Quand vous êtes informé de la présence de belles truites dans un plan d'eau, il vaudrait la peine de troquer votre *Bob-it* pour un poisson-nageur de type Rapala. La truite mouchetée est beaucoup plus carnivore qu'on ne le croit. Ne l'oubliez pas.

La pêche au bouchon

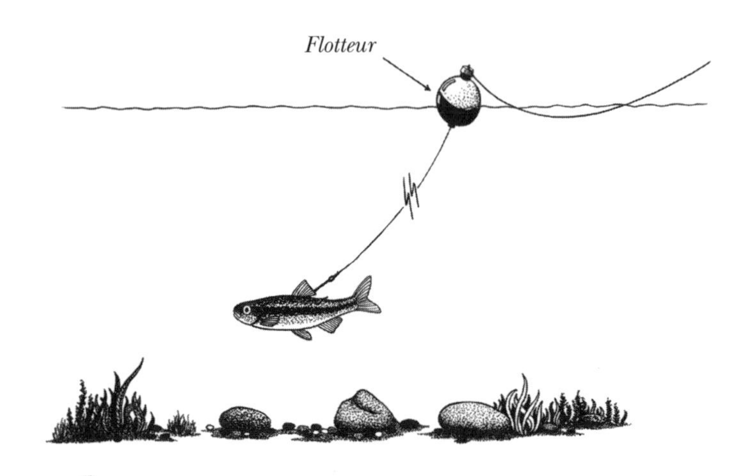

Vous avez peut-être déjà utilisé ces espèces de flotteurs en plastique rouge et blanc pour la pêche au coup. Plusieurs les appellent flottes ou bouchons. On les emploie souvent pour capturer la barbote avec un grand bambou mais aussi d'autres espèces, dont le brochet. Comme appâts, on prend des vers, mais surtout des ménés. Lorsque le bouchon cale, c'est le temps de ferrer !

Le devon près du fond

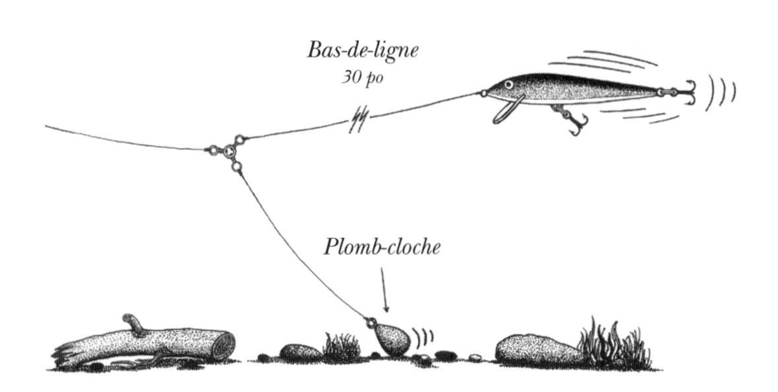

Pour pêcher près du fond avec un devon ou un poisson-nageur, voici un montage fort simple. À l'extrémité du monobrin, installez un émerillon triple sur lequel vous fixez un bas-de-ligne suivi d'un plomb-cloche de 1/4 à 1/2 oz (7 g à 14 g). Ce dernier vous rendra un double service : sonder le fond et permettre de vous y rendre avec plus de facilité.

Attachez ensuite un bas-de-ligne de 30 po (75 cm) de longueur avec un devon ou un poisson-nageur flottant.

Quant au choix de couleur, tout dépend de la température. Les devons bleus ou argent s'avèrent efficaces durant les journées claires, alors que les or et les orange fluorescent sont à privilégier par temps plus sombre. Dans des eaux plus opaques, le devon orange fluorescent a fait ses preuves.

Les températures idéales pour les poissons

Les poissons sont le plus actif lorsque la température de l'eau convient le mieux à leur métabolisme. Comme la plupart des espèces préfèrent une température fraîche, c'est pourquoi, en début de saison, les poissons mordent bien près des berges.

Lors de la canicule, ils recherchent leur zone de confort en se réfugiant plus en profondeur. Voici la température idéale pour les principales espèces de poissons.

Espèce	°F	°C
Achigan à petite bouche	59 à 67	15 à 19
Achigan à grande bouche	60 à 80	16 à 27
Brochet du Nord	60 à 75	16 à 24
Doré jaune et doré noir	55 à 70	13 à 21
Truite brune	52 à 70	11 à 21
Truite arc-en-ciel	50 à 68	10 à 20
Truite grise (touladi)	41 à 46	5 à 8
Truite mouchetée	45 à 58	7 à 14
Ouananiche	45 à 58	7 à 13

La thermocline, clé de la pêche en profondeur

Dans un lac profond, on trouve durant la canicule des strates ou zones de température distinctes s'étant formées après le réchauffement des couches supérieures. Le pêcheur de truite a avantage à trouver la thermocline, cette strate marquant une baisse brusque de température.

La couche supérieure (épilimmion) est trop chaude pour y abriter des truites, tandis que la couche inférieure (hypolimmion) est souvent trop froide, pauvre en oxygène et donc en nourriture. Voici un exemple de la localisation de la thermocline, phénomène étrange que tout pêcheur se doit de connaître :

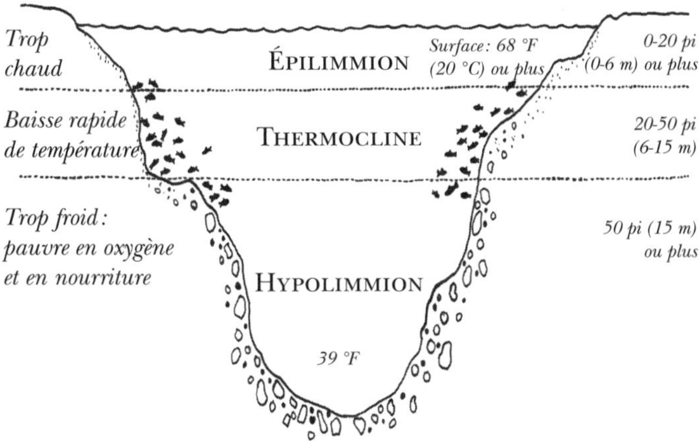

Trop chaud
ÉPILIMMION
Surface : 68 °F (20 °C) ou plus
0-20 pi (0-6 m) ou plus

Baisse rapide de température
THERMOCLINE
20-50 pi (6-15 m)

Trop froid : pauvre en oxygène et en nourriture
HYPOLIMMION
50 pi (15 m) ou plus
39 °F

Tous les secrets d'un lac sur une carte...

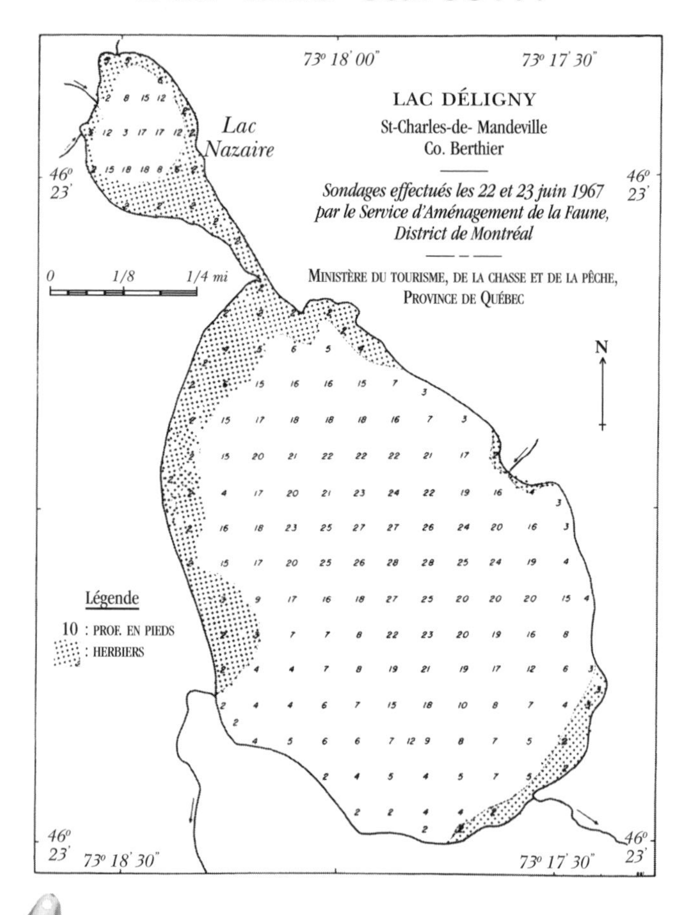

Les cartes hydrographiques peuvent vous en apprendre beaucoup sur la configuration d'un lac. On y lit les profondeurs et, par le fait même, le relief sous-marin, tels les fosses, les hauts-fonds, les pointes et les îles cachées sous l'eau. De plus, les récifs et les baies herbeuses sont souvent indiqués.

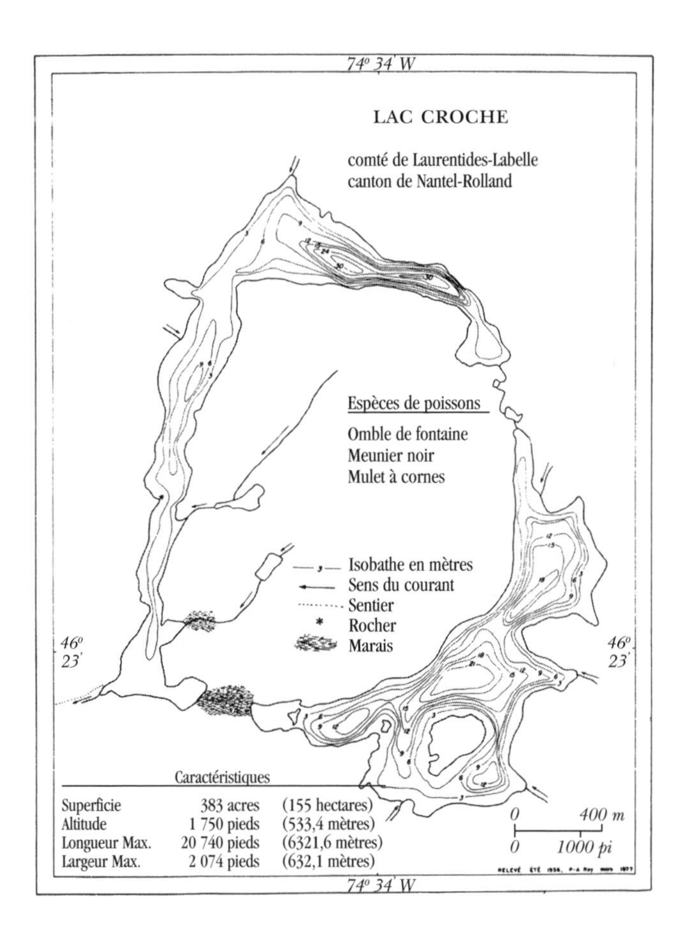

Sur certaines cartes, les profondeurs sont déterminées à intervalles réguliers par des points de sondage, alors que, sur d'autres, ce sont des courbes dites bathymétriques. Celles-ci permettent de visualiser davantage la configuration d'un plan d'eau. Des courbes serrées les unes sur les autres marquent une dénivellation abrupte de profondeur alors que des courbes espacées sont le signe d'une pente douce.

Ces cartes permettent de découvrir plus rapidement les secrets d'un plan d'eau, ce qui a souvent pris plusieurs années aux pêcheurs les plus chevronnés de l'endroit.

Les mouches par catégories

Pour beaucoup de non-initiés, la pêche à la mouche est un monde complexe. Si vous êtes de ceux-là, nous avons pensé vous simplifier la vie en présentant les principales catégories d'artificielles, avec un rappel des modèles les plus répandus.

CATÉGORIES		QUELQUES CLASSIQUES
1- Les sèches	Présentées à la surface de l'eau	Mouche de mai, Adams, Black Gnat, Quill Gordon, Hendrickson, Cahill, Royal Coachman, March Brown
2- Les noyées	Utilisées sous l'eau, en profondeur ou près de la surface	Silver Doctor, Yellow Sally, Royal Coachman, Quill Gordon, Dark Montreal, Professor, March Brown, McGinty
3- Les nymphes	Récupérées habituellement près du fond	Green Caddis, Stonefly, Hendrickson, Gray Nymph, Blue Quill, March Brown
4- Les *streamers*	Récupérés sous l'eau ou à la surface (souvent par gestes saccadés)	Magog Smelt, Gray Ghost, Mickey Finn, Muddler Minnow, Marabou, Black Nosed Dace
5- Les *bugs* et les *poppers*	Présentés surtout à la surface	Cork-bodied Grasshopper, Green Grub, Brown Frog, Gray Mouse

Savoir lire une rivière

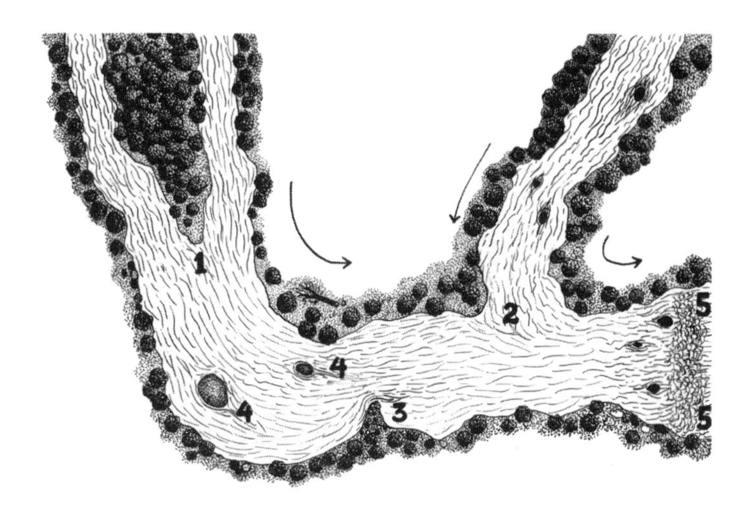

En rivière, plusieurs indices permettent au pêcheur d'achigan ou de truite de détecter les coins propices. Voici des sites typiques où les poissons à l'affût aiment bien se dissimuler :

1- Sur la pointe d'aval d'un îlot ;

2- À l'embouchure d'un tributaire ou d'une source d'eau froide ;

3- Derrière l'extrémité d'une pointe s'avançant dans la rivière ;

4- Derrière une roche fendant le courant ;

5- Au pied d'une chute ou de toute dénivellation dans un rapide.

Un bon coin en rivière

Il arrive que le courant érode la grève au point de creuser des cavités sous celle-ci. Ces coins cachés, souvent très productifs, demeurent sous-exploités par le pêcheur de rivière. L'action circulaire du courant apporte de la nourriture et les prédateurs, tels la truite mouchetée et l'achigan à petite bouche, sont postés dans l'attente d'une nouvelle proie…

Le doré à la pleine lune

Le doré est un poisson lucifuge, c'est-à-dire fuyant la lumière intense. Lorsqu'il se gave dans les eaux claires, il le fait habituellement le matin et le soir.

Pendant la semaine de la montée de la pleine lune, il tire profit de ce soleil de nuit. Il explore les hauts-fonds de sable, les pointes rocailleuses ou les grandes fosses.

Ces soirs lumineux s'avèrent une période privilégiée pour prendre de gros dorés.

La brune au temps du frai

Au Québec, dans certaines zones, il est permis de pêcher la truite brune toute l'année. On peut donc la prendre en automne, au temps du frai. Toutefois, durant cette période, une approche particulière s'impose.

Pendant le frai, la truite brune ne se regroupe pas, contrairement à d'autres espèces de salmonidés. Sur les frayères, on retrouve donc seulement un ou deux géniteurs. Après avoir localisé une fosse propice, votre position et la direction des lancers doivent se faire en deux phases.

Première phase : faites quelques lancers en récupérant rapidement de l'amont vers l'aval, de façon à ne laisser aucun mou dans la ligne, mais avec des gestes saccadés. Cela permet souvent de provoquer un gros mâle qui garde jalousement ses quartiers, votre leurre se tenant à quelques pieds au-dessus du fond.

La deuxième phase est plutôt propice pour capturer la femelle. Il faut alors vous placer vis-à-vis du haut de la fosse et lancer dans le sens du courant, en récupérant à vitesse moyenne. Le leurre, qui doit frôler le fond, laisse croire à la femelle qu'un intrus s'approche de ses œufs.

Comme cette approche vise à capturer des géniteurs, il s'agit alors de grosses truites.

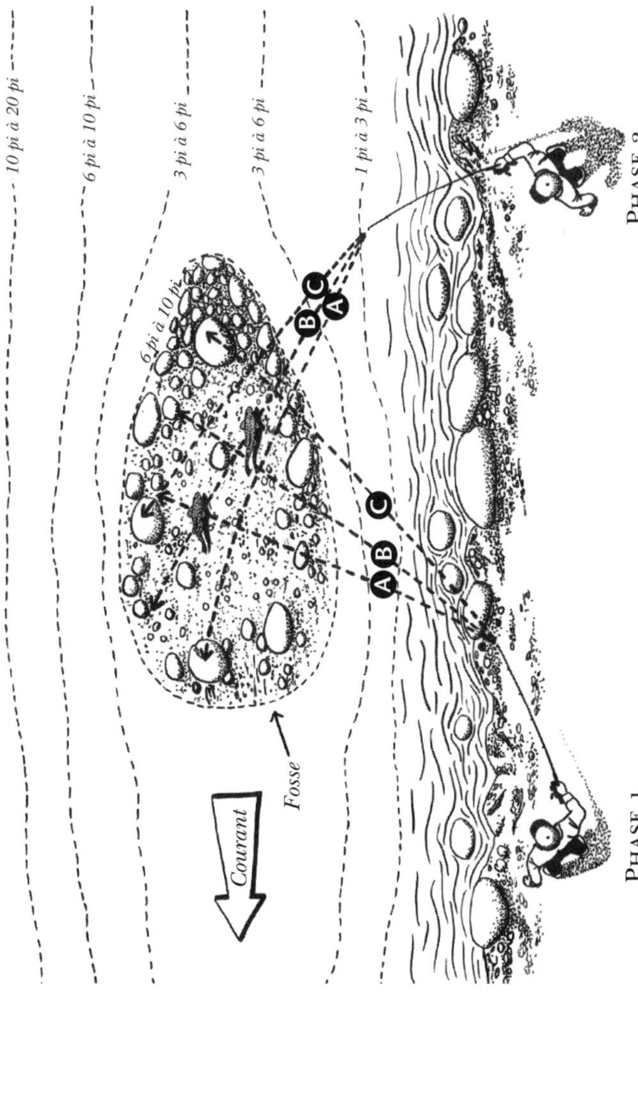

10 pi à 20 pi
6 pi à 10 pi
3 pi à 6 pi
3 pi à 6 pi
1 pi à 3 pi
6 pi à 10 pi
Fosse
Courant
PHASE 1
PHASE 2

Leurre clair ou leurre sombre ?

L'adage qui dit : *« Leurre clair par temps clair et leurre sombre par temps sombre »* devrait être pris avec un grain de sel.

En effet, lorsque les eaux sont brouillées par les crues printanières ou par le vent, le principe ne peut s'appliquer. Il en est de même dans les eaux opaques du lac Saint-Jean, du fleuve Saint-Laurent et de plusieurs rivières.

Même par un beau soleil, mieux vaut alors utiliser des leurres aux couleurs claires et voyantes. Il en est bien sûr de même pour les mouches.

Pointes rocheuses et ouananiche

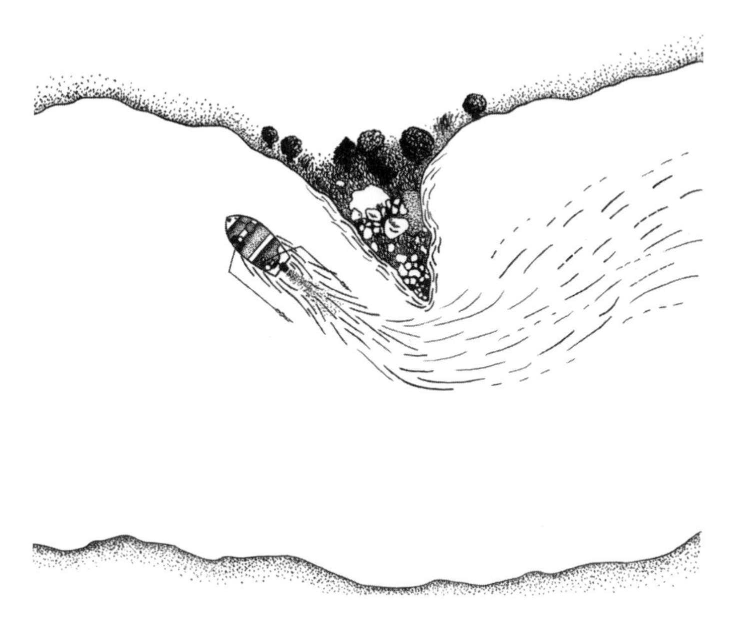

Au tout début de la saison de pêche, les pointes rocheuses s'avèrent des coins de prédilection pour la ouananiche. Prospectez le pourtour de ces pointes à la traîne dans les deux sens.

Si vous capturez une ouananiche, repassez au même endroit car elles se tiennent souvent en banc. Malheureusement, la plupart des pêcheurs continuant tout droit, leur première ouananiche de la journée est souvent leur dernière…

Pêche blanche

CHAPITRE 5

La fameuse baleine

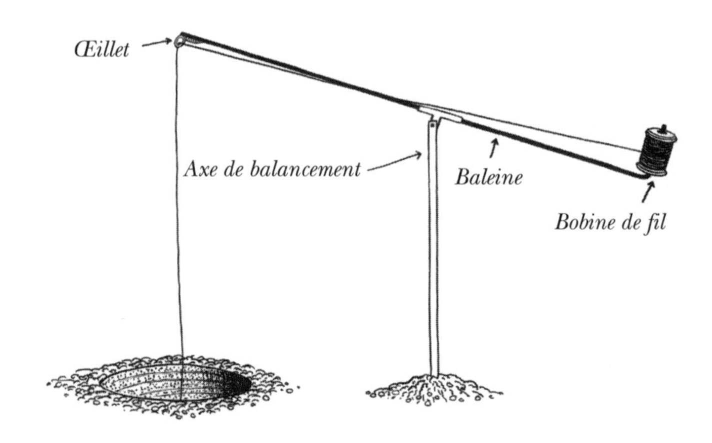

Idéale pour la pêche au doré et même pour la truite grise, la baleine surpasse de loin la brimbale conventionnelle à cause de sa grande sensibilité à détecter les morsures les plus délicates. Comme son nom l'indique, elle est constituée d'une baleine de parapluie, laquelle a environ 26 po (66 cm) de long. À même son extrémité pliée, on fixe un rouleau de fil rempli de monobrin.

Pour bloquer le fil, il suffit de faire un tour près du petit œillet à l'extrémité de la canne artisanale. Reste à fixer la baleine, à même une tige munie d'une attache en guise de penture, pour y créer un balancier.

Gréement pour gros brochets

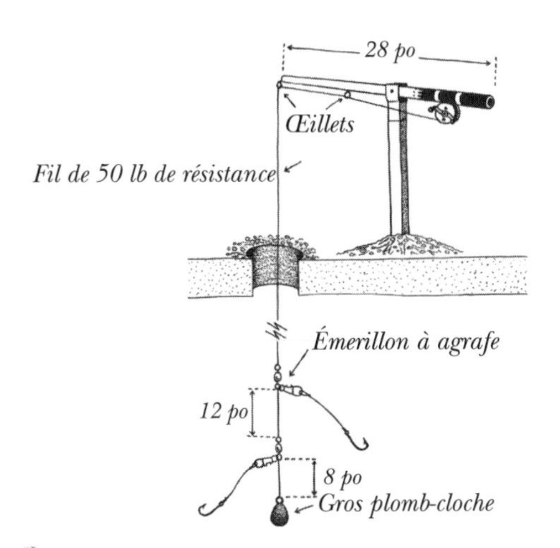

Pour le brochet et particulièrement pour les gros, fabriquez un gréement à l'aide d'une baguette de billard et d'un moulinet à lancer lourd bon marché. Dénichez quelques baguettes hors d'usage dans une salle de billard et coupez-les à 28 po (71 cm) de long environ. Sur le manche original, montez le moulinet avec des collets ou bien vissez-le directement.

N'importe quel fil peut faire l'affaire (monobrin, corde tressée ou nylon), à condition d'avoir un bon 50 lb (22,7 kg) de résistance.

L'ensemble ne saurait être complet sans un montage spécial, relié à la ligne principale par un émerillon. Il s'agit de très gros hameçons (n°s 4/0 à 6/0), montés sur un bas-de-ligne attaché à un émerillon à agrafe. On peut donc facilement les changer si un gros brochet les a tordus au point de les rendre hors d'usage.

Un gros plomb-cloche se trouve à l'extrémité de la ligne.

Un bon montage pour la perchaude

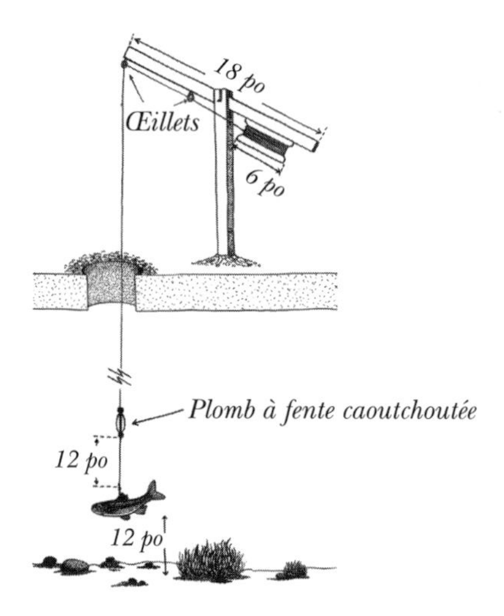

Voici un montage particulièrement efficace pour prendre de la perchaude. Utilisez une brimbale dont la bobine rectangulaire mesure 6 po (15 cm) de long. Placez un plomb fendu caoutchouté sur votre ligne puis, 12 po (30 cm) plus bas, un hameçon n° 1/0 garni d'un petit méné de 2 po (5 cm).

Descendez le plomb jusqu'au fond, puis remontez-le en enroulant la ligne de deux tours sur la bobine. Le méné nage alors assez librement au-dessus du fond, ce qui attire l'attention des perchaudes du voisinage. La brimbale doit être assez serrée sur le poteau de soutien afin d'éviter que la pointe baisse à cause du plomb.

Un ensemble spécial pour le doré

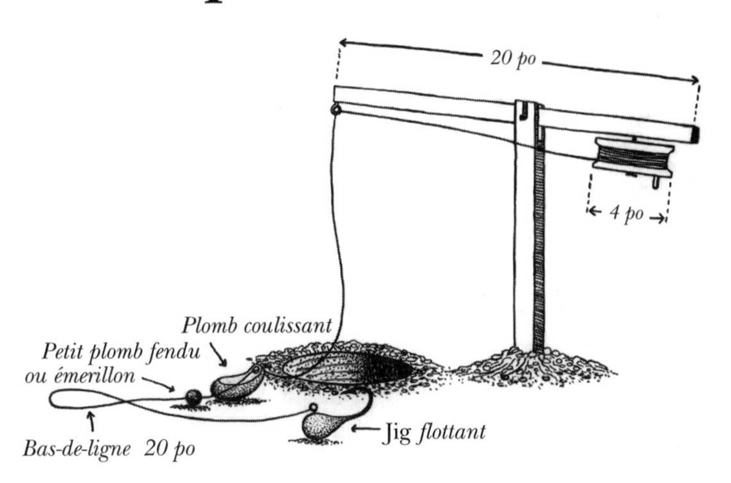

Tout n'a pas été dit sur le doré. La preuve ? Cet ensemble constitué d'une brimbale à bobine rotative et d'un montage à plomb coulissant.

La brimbale de 20 po (51 cm) comprend une petite pièce mobile de 4 po (10 cm) en guise de moulinet. Quand le poisson part avec l'appât, il ne ressent aucune résistance.

Le bas-de-ligne obéit au même principe. Le fil passe librement dans un plomb coulissant quand le doré tire. Laissez environ 20 po (51 cm) de fil au bout du petit plomb fendu ou de l'émerillon qui retient le plomb coulissant. Puis, attachez à l'extrémité un petit *jig* flottant sur lequel vous piquez votre méné.

Leurres pour la dandinette

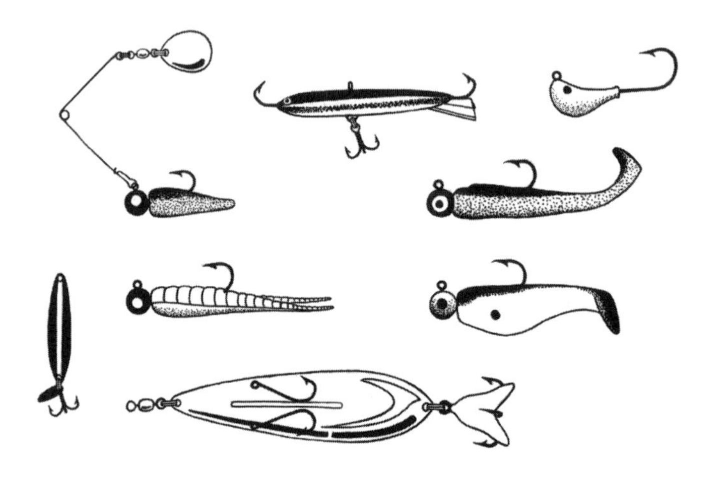

Pour pêcher à la dandinette, il existe plus de leurres qu'on ne le croit. Plusieurs *jigs* et *spinnerbaits* utilisés en eau libre font l'affaire. Plusieurs cuillers sont même conçues spécialement pour la pêche blanche, l'une des plus connues étant la Swedish Pimple. Pour imiter un petit poisson-proie, le *jigging* Rapala, aussi fait pour la pêche blanche, n'est pas piqué des vers.

Perceuse manuelle ou mécanique

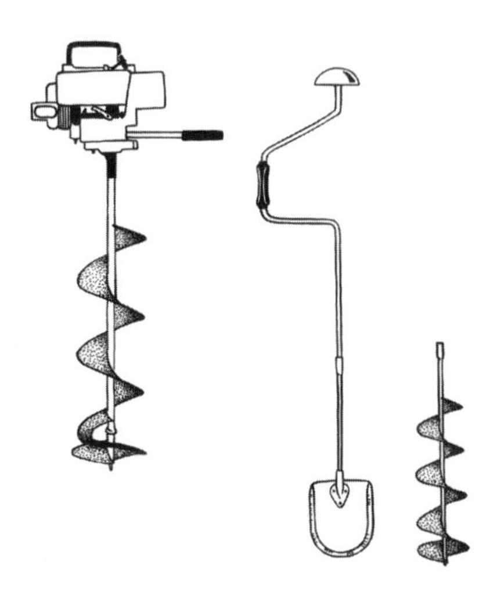

Au début de la saison de pêche blanche, alors que la glace est à peu près transparente, il est souvent préférable d'utiliser une perceuse manuelle. En effet, les bruits et vibrations d'une perceuse mécanique peuvent déranger les poissons de nature méfiante comme le doré.

Tant que la glace n'atteint pas une épaisseur rendant le travail trop laborieux, mieux vaut se servir d'une perceuse manuelle. Dans la mesure du possible, une approche silencieuse est toujours préférable.

Un bon bas-de-ligne pour le doré

Curieusement, l'un des meilleurs bas-de-ligne pour le doré se nomme gréement à achigan. Il se vend déjà monté.

Sur un monobrin, avec un émerillon à une extrémité et une agrafe à l'autre, sont montées deux tiges métalliques perpendiculaires à 18 po l'une de l'autre. Ces tiges, sur lesquelles on attache les hameçons avec bas-de-ligne, sont reliées au fil principal de façon à pivoter.

Ce système fort ingénieux permet aux vifs piqués aux hameçons de faire une rotation de 360 degrés autour du monobrin sans s'emmêler. La liberté de mouvement des appâts rend cette présentation des plus attrayantes.

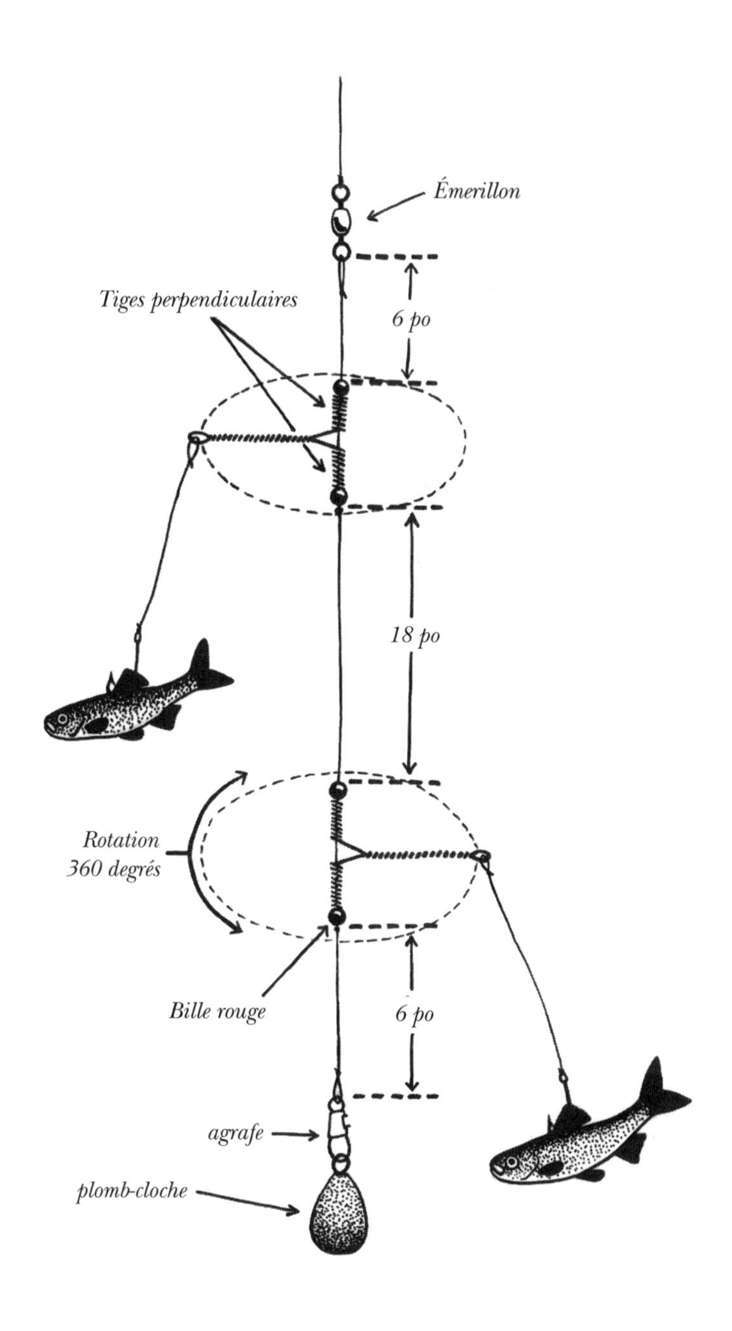
Émerillon
Tiges perpendiculaires
6 po
18 po
Rotation
360 degrés
Bille rouge
6 po
agrafe
plomb-cloche

Index

A

B

C

D

E

F

G

H

J

L

Table des matières

Chapitre 4

Chapitre 5